- 海尔，你的生活智慧，我的智慧生活
- 海尔商标的演变是海尔从中国走向世界的见证
- “永远以用户为是，以自己为非”的是非观是海尔创造用户的动力
- 创业创新的“两创”精神是海尔文化不变的基因
- 人单合一双赢的利益观是海尔永续经营的保障

海尔，全球白色家电领导品牌

海尔是如何成功的

杨 华 编著

SPM
南方出版传媒
广东经济出版社
·广州·

图书在版编目（CIP）数据

海尔，全球白色家电领导品牌：海尔是如何成功的/ 杨华编著 .—广州：广东经济出版社，2018. 3
ISBN 978 - 7 - 5454 - 5869 - 5

Ⅰ. ①海… Ⅱ. ①杨… Ⅲ. ①海尔集团公司 - 企业管理 - 研究 Ⅳ. ①F426. 6

中国版本图书馆 CIP 数据核字（2017）第 266518 号

出 版 人：姚丹林
责任编辑：李惠玉　程梦菲
责任技编：谢　莹
装帧设计：李康道

出版发行	广东经济出版社（广州市环市东路水荫路 11 号 11 ~ 12 楼）
经销	全国新华书店
印刷	广东省农垦总局印刷厂 （广州市天河区棠东路横岭三路 11 ~ 13 号）
开本	730 毫米 × 1020 毫米　1/16
印张	13. 5
字数	237 000 字
版次	2018 年 3 月第 1 版
印次	2018 年 3 月第 1 次
书号	ISBN 978 - 7 - 5454 - 5869 - 5
定价	36. 00 元

如发现印装质量问题，影响阅读，请与承印厂联系调换。
发行部地址：广州市环市东路水荫路 11 号 11 楼
电话：（020）37601950　邮政编码：510075
邮购地址：广州市环市东路水荫路 11 号 11 楼
电话：（020）37601980　营销网址：http://www.gebook.com
广东经济出版社新浪官方微博：http://e.weibo.com/gebook
广东经济出版社常年法律顾问：何剑桥律师

PREFACE | 前言

从中国到世界，海尔模式让两国总理说："Good!"

2017年3月28日，国务院总理李克强在新西兰奥克兰参观了海尔集团旗下顶级家电品牌斐雪派克的研发中心。在半个多小时的参观行程中，当斐雪派克的员工告诉李克强总理，每个员工现在都有明确的市场和项目目标，并用系统化的手段对目标及行动进行管理时，李克强总理直接用英文说道："It's good！"

新西兰总理英格利希也赞扬道："斐雪派克一直是新西兰人的骄傲，今天看到斐雪派克加入海尔后双方在各方面合作融洽、业务不断发展，这让我感到骄傲。"

海尔与斐雪派克的双品牌战略之所以能在新西兰市场站住脚跟，这与海尔"人单合一"模式是分不开的。海尔集团董事局主席、首席执行官张瑞敏曾表示："世界就是我的研发部。而在互联网时代里，这就是一种打破边际、开放平台的理念，让全球一流的资源为我所用，让所有的资源融合为共生的生态，彼此交互、迭代。"

的确，海尔很优秀，它的领头人张瑞敏也一样很优秀。

海尔集团创立于1984年，是全球大型家电第一品牌，目前已从传统家电产品制造企业转型为开放的创业平台。在互联网时代，海尔致力于转型为真正的互联网企业，打造以社群经济为中心、以用户价值交互为基础、以诚信为核心竞争力的后电商时代，共创共赢生态圈，成为物联网时代的引领者。

张瑞敏，全球50大管理思想家之一、全球享有盛誉的企业家，海尔集团创始人，现任海尔集团党委书记、董事局主席、首席执行官。因其在管理领域的创新成就，张瑞敏多次获得国际管理思想领域的嘉奖，包括全球睿智领袖精英奖、IMD管理思想领袖奖、亚洲品牌永远精神领袖奖、卡内基卓越领导人奖，并入选《财富》全球50位最伟大领袖。

创业30多年来，海尔致力于成为“时代的企业”，每个阶段的战略主题都是随着时代变化而不断变化的，但海尔的整个发展历程都离不开管理创新，重点关注的就是人的价值实现，使员工在为用户创造价值的同时实现自身的价值。海尔从2005年提出“人单合一”到现今已经过了13年，现在的“人单合一双赢”模式因破解了互联网时代的管理难题而吸引了世界著名商学院、管理专家争相跟踪研究。

现在，海尔在全球布局了10多个主流品牌：海尔、卡萨帝、日日顺、AQUA、斐雪派克、统帅、DCS、MONOGRAM等，每个品牌都有自己的市场定位，从不同领域给用户带来最佳体验。2017年是海尔“人单合一”模式在全球生根、开花、结果的元年，海尔将通过“沙拉式”的多元文化融合体系持续推进“人单合一”模式的国际化。

海尔的成功吸引了很多人对海尔进行研究，因此，我们编写了《海尔，全球白色家电领导品牌——海尔是如何成功的》一书，从以下10个部分为读者讲述海尔和它的当家人张瑞敏的奋斗史，希望读者从中得到一些启迪和正能量。

★全球白色家电第一品牌

★管理思想家张瑞敏

★海尔的发展历程

★海尔的产品

★海尔的品牌

★海尔式的管理

★海尔的艰苦转型

★海尔的新模式

★海尔的企业文化

★海尔的社会责任

在不同人的眼中，海尔有着不同的形象，编者只是从个人的思维角度出发对海尔进行观察、解读。在本书的编写过程中，由于编者水平有限，加之时间仓促，错误疏漏之处在所难免，敬请读者批评指正。同时，部分图片与文字内容引自互联网媒体，其中有些未能与原作者取得联系，请原作者看到本书后及时与编者联系，以便支付稿酬。

编者

2018年3月

CONTENTS 目录

从临危受命成为海尔冰箱厂的新厂长，到大锤砸冰箱之举后进行海尔式管理的改进，张瑞敏在不断追求创新。而正是这些商业模式的不断创新与升级，成就了他和海尔的辉煌。

创立于1984年，崛起于改革大潮之中的海尔集团，在短短10多年时间里便创造了从无到有、从小到大、从弱到强、从国内到海外的卓著业绩。

海尔的产品涉及空气、洗护、用水、美食、安全、健康和娱乐七大领域，旗下拥有冰箱、空调、洗衣机、电脑、干衣机、剃须刀、体重秤、空气净化器、水质净化器、智能扫地机器人、手机等数十种产品。

海尔文化以观念创新为先导、以战略创新为方向、以组织创新为保障、以技术创新为手段、以市场创新为目标，伴随着海尔从无到有、从小到大、从大到强、从中国走向世界，海尔文化本身也在不断创新、发展。

多年来，海尔在发展壮大的同时，始终铭记要对社会进行回馈，也一直把关注社会进步、帮助弱势群体作为必须承担的责任和义务，用高度的企业责任感为国内企业做出了表率。

导读　全球白色家电第一品牌

提到海尔你会想到什么？

从33年前发不起工资的一间小厂，到现在的世界500强、白色家电第一品牌、平台型企业，海尔是怎么做到的？

质量管理

质量是产品的生命，没有质量的产品要成为名牌产品，无异于痴人说梦。1985年，能够从大多数企业以规模生产定位的热潮中脱离开来开始抓质量管理，是海尔成功之路的第一步。

产品差别化

海尔走产品差别化的道路，不断推动技术进步和技术创新，开发满足消费者需求的新产品。例如，根据“没有淡季市场，只有淡季思想”的原则，海尔开发了适合夏天使用的小型洗衣机，占据了很大的市场空间。走产品差别化的道路，可以使海尔在家电行业中脱颖而出，并很快被消费者认同。

正确的市场定位

海尔把自己的产品定位在高层次上， 不同的家电产品在国际市场和国内市场都有一定的消费群。海尔对不同档次、不同偏好、不同年纪的消费者进行细分，例如，针对学生群体开发了小型冰箱和洗衣机等，满足了消费者的不同需求。进行市场细分，是产品得以顺利销售的保证，这就要求家电厂商能正确地进行市场定位，确定目标客户，从而迅速地打开知名度。

良好的企业形象

广告宣传的就是企业良好的形象，在这一方面，海尔导入了CI战略。海尔的企业文化一直为国人所骄傲，它所创造的“小球斜坡理论”以及“OEC模式管理法”一直被其他企业所学习采用。

优化产品组合

现在海尔拥有的生产线不仅仅有电冰箱，还有洗衣机、空调、电视机等，海尔在产品开发的这一方面，采取的是先发展龙头产品，然后再逐个发展其他相关产品的战略，不断扩展企业的发展空间，走多元化战略道路。在扩张的道路上，海尔始终坚持的原则是要把自己熟悉的行业做大、做好、做强，在这个前提下再进入与这个行业相关的产品领域。

走国际化的名牌道路

中国家电行业第一个走出国门的就是海尔，海尔提出了创国际名牌的战略，并从1998年开始实施。走国际化的名牌道路，必须以更严格的标准对待自己的产品。海尔在发展的第一个阶段就开始了国际化的起步，它从德国引进技术，并向德国出口产品，目的是在国际上打响品牌，争夺国际市场的份额。海尔还打开了最难打开的美国市场，并在美国设厂，产品在美国占据了一定的市场。比起许多目光短浅，只追求眼前的利益，局限于本国甚至某个区域的企业来说，海尔的目光更长远，目标更高。

改变自己

海尔一直都非常有勇气改变自己。在其33年的发展历史中，它已经完成了四次大的变革与转型，正在进行第五次变革，每一次变革都是海尔对环境趋势的响应，且是超前一步地响应。基于这些经验，张瑞敏提出了广为传颂的观点——“没有成功的企业，只有时代的企业”，并认为海尔拥有“自以为非”的文化基因。可以说，变革基因是海尔基因的重要组成部分。

相关链接》

张瑞敏眼中海尔人的“长征路”

没有信念支撑，长征路很难走下去

明天（2016年10月22日），在很多人眼中可能是一个平常的日子，但80年前的这一天，却成了改变中国历史进程的重要时刻。

1936年10月22日，在历时2年后，红军一、二、四方面军在甘肃会宁大会师，标志着经过11个省，翻越18座大山，跨过24条大河，走过草地，翻过雪山，行程约二万五千里的红军长征胜利结束。

2016年10月22日为长征胜利80周年纪念日。

10月20日上午，纪念红军长征胜利80周年大会在北京人民大会堂隆重举行。中共中央总书记、国家主席习近平在讲话中指出：“长征是一次理想信念的伟大远征。”

10月20日，家电产业研究专家、帕勒咨询公司资深董事罗清启来海尔调研，与海尔集团董事局主席、首席执行官张瑞敏进行交流，期间双方谈到长征和长征精神。以红军长征类比，张瑞敏解释了海尔坚定进行管理变革和模式创新的根基所在。

任何时候信念与理想都是真的

张瑞敏说：“红军能取得长征的胜利，信念起到了非常重要的支撑作用。红军清晰地知道长征是为了劳苦大众，而红军战士本身就是劳苦大众，从某种意义上说，长征就是为了红军自己。在当时，中国其他的军队，特别是军阀部队，没有这样的信念，不知道为谁、为何而战，容易一击而溃。

所以，任何时候信念和理想都是真的，不是一句空话，但把信念与理想变成一句实话最难。海尔走到了今天也是靠着一种信念，那就是每一个人，都要为用户创造最大价值！从当年砸冰箱开始，一直到现在都是这样。”

通过创造用户价值最大化使员工价值最大化不是一句空话

在海尔的平台上，所有人都认同这一点，即为用户创造最大价值，也是为自己创造最大的价值。二者是结合在一起的，这样的信念始终没有偏移。20世纪80年代海尔最早搞自主管理班组，就是为了充分发挥员工的自主创造力，把员工放在第一位。现在我们用到的德鲁克的一句话“让每个人成为自己的CEO”，也是围绕着同样的信念：通过创造用户价值最大化使员工价值最大化。

现在在海尔，很多人都已经明显感受到“让每个人成为自己的CEO”并不是一句空喊的口号。因为，海尔的创业小微自己拥有用人、决策和分配权，海尔成了创业的平台。

以“自以为非”的文化为基石将信念落实到行动上

将信念落实到行动上，理想就能成为现实。张瑞敏说，长征的环境异常艰苦，在随时都要被消灭或饿死的情况下，一支军队很容易出现问题，但红军始终把“借东西还钱，打借条”的纪律坚持下来。

海尔在创业、创新的征程上，坚持把为用户创造最大价值的信念落实到行动上，是因为“自以为非”的文化，“以用户为是，自以为非”，不断改变自己，挑战自我。

……

第一章
管理思想家张瑞敏

导言：

从临危受命成为海尔冰箱厂的新厂长，到大锤砸冰箱之举后进行海尔式管理的改进，张瑞敏在不断追求创新。而正是这些商业模式的不断创新与升级，成就了他和海尔的辉煌。

第一节　张瑞敏不是神话

个人简介

张瑞敏是山东莱州人，出生于1949年1月5日，1995年获中国科技大学工商管理硕士学位，全球著名企业家，创建了全球白色家电第一品牌海尔，现任海尔集团董事局主席、首席执行官。

张瑞敏因对管理模式的不断创新而受到国内外管理界的关注和赞誉。世界一流战略大师加里·哈默评价张瑞敏为互联网时代CEO的代表。

早期经历

张瑞敏是个很有危机感的人。高中毕业那年，因为没有举行高考，他进入了青岛一家拥有500人的五金厂当工人。为了掌握一技之长，他白天上班，晚上下班后骑自行车走很长一段路去夜校学习机械制造相关的专门技术。这种生活持续了4年。

从那时起，张瑞敏就经常用在夜校里学到的知识在工厂车间进行革新试验，逐步担任了班组长、车间主任、副厂长等职位。

他回忆说："当工人的那些年，我最希望得到的就是两个字：公平。做了管理者之后，我极力打造公平的激励机制，推进公平的企业文化。"

爱好阅读

作为海尔的领头人，张瑞敏不抽烟、不喝酒，也不喜欢应酬，唯一的爱好是读书和与专家恳谈。有人曾经问张瑞敏成功的秘诀是什么？张瑞敏回答：学习和读书。

张瑞敏每年都要读上百本书，他说："《老子》帮助我确立企业经营发展的大局观；《论语》培育我威武不能屈、贫贱不能移、勇于进取、刚健有为的浩然正气；《孙子兵法》帮助我形成具体的管理方法和企业竞争谋略。”当很多人把读书当成消遣或者把书当成摆设的时候，张瑞敏的读书哲学就显得弥足珍贵。

相关链接

张瑞敏的读书心得

我在企业里扮演两个角色，一个是设计师，另一个是牧师。设计师的角色要求为企业制定发展战略，确保企业朝着正确的方向发展；牧师的角色就是布道，传播的就是海尔文化。

《道德经》：柔弱胜刚强

我对《道德经》中的一句话感触颇深——柔弱胜刚强。在旧的版本里面对这句话的评价是消极的。但实际上它说明的是一种转化的过程，弱可以转强，小可以转大，问题是你怎么来看待。做企业时，如果能把自己放在一个弱者的位置，你就有目标可以促使自己永远前进。

老子曾说过一段话，对我影响很大，老子说，“吾有三宝，一曰慈，二曰俭，三曰不敢为天下先”。谦卑带来的结果是什么？就是“夫唯不争，故无尤”。正因为与万物无争，所以就不会出现过失与偏差。

正所谓上善如水，水处卑下，善于纡回，知纡回则无损。有一句箴言说得好：当我们大为谦卑的时候，便是闻名最近于伟大的时候。海尔集团在自己的经理管理哲学中，就贯彻了这样一条重要原则——处卑下。

《圣经》：没有人把新酒放在旧皮袋里

《圣经》马太九章中有一句话：“没有人把新酒放在旧皮袋里，如果把新酒放在旧皮袋里旧皮袋一定会爆裂，新酒也会爆裂，所以只能把新酒放在新皮袋里。”企业管理也是如此，旧的业务流程就像旧皮袋一样，信息化像新酒一样，把新酒装到旧皮袋中肯定不可以。

很多企业都面临着这样的问题。以家电行业为例，2008年中国家电企业平均库存周转天数是64天，当时海尔是32天，差不多是平均周转天数的一半。如今，海尔的平均库存周转天数已经降到了3天，我们的销售在这个过程中也受到很大的影响，咬着牙把全流程的信息化都做起来了。

海尔的零库存做到现在，也做到了在生产线上生产的产品就是用户要的产品。我们的企业信息化的切入点就是以用户为中心，海尔一直在努力把新酒放在新皮袋中。

《卓有成效的管理者》：管理很好的企业总是单调乏味

大约在1987年，我不记得从哪儿搞到一本德鲁克的书，书的译名是《卓有成效的管理者》。让我印象最深刻的一句话是：管理很好的企业总是单调乏味，没有任何激动人心的事情发生。德鲁克的说法和我们的做法完全不一样，但是仔细一想他说得很有道理。企业里的大多数事情都应该当作例行事务去管理。

可是，当时中国的企业大部分都是碰到什么事就去解决什么事，没有章法和预算。这时候，受到德鲁克的启发，我们在海尔开始做预算，并创造了“日清工作法”，解决了管理上的混乱无效问题，使我们那样一个濒临倒闭的小厂迅速扭亏为盈，并且在全国冰箱评比中，以最高分获得中国冰箱历史上的第一枚金牌。这枚金牌要归功于“日清工作法”，更要归功于德鲁克。

德鲁克的书里还说到，如果同一个危机重复出现，往往是管理者的疏忽和懒散造成的，这对我改变个人的管理作风起到了一个很大的启示作用。我一下子爱上了德鲁克，从此以后只要是德鲁克的书我都会找来反复阅读。

德鲁克的理念对我的启发都很大。归纳起来，我觉得他的主要理念可以分为三类：第一类是创造顾客，为顾客创造价值；第二类是给员工提供创新的机遇和平台；第三类是挑战自我。

《谁说大象不能跳舞？》：颠覆组织结构

我曾到美国佛罗里达拜访郭士纳，他写了《谁说大象不能跳舞？》，我们进行了交流。当时我画了一张图，用正三角和倒三角两个三角形分别表示正三角管理模式与倒三角管理模式，我问他：“我们现在是这么做的，你觉得怎么样？”

他说：“我在IBM做领导者的时候想这么做，但是我没有做。”他说这个方向肯定是对的、方法肯定是好的，但是当时没有做的原因主要有两点：第一，如果你让一线经理变成一个个的经营体，经营团队就会产生一些问题，就不会关注市场上的一些新的机会了，只会关注团队面对的客户，这样会丧失很多新的机会。第二，一线经理团队对着客户，就不能及时获取身后的资源；他要是回过身来找资源，对客户的关注度就下降了。

我们也考虑到这个问题，现在在采取解决措施。一个企业可能很大，但是再大的企业也是三张表：损益表、资产负债表和现金流量表。现在，在倒三角形最尖端的领导个人损益表关注的是这个企业在市场上的战略方向和战略目标，当然企业新的机会就是损益表中的任务。

这完全颠覆了过去的思路，但颠覆组织结构有三个好处：一是可以适应信息化时代多变、快速发展的市场。二是可以解决内部博弈的问题。三是可以对传统管理会计进行新的推进和探索。海尔推行的这些东西，美国会计协会和我们探讨过几次，那时美国的管理会计已经到顶，很难突破了，海尔所做的这一切提供了一个突破现有管理会计的新思路。

《易经》：永远走在追求成功的路上

对于企业的经营管理模式而言，成功的概念应是追求不间断的创新。如果是为了追求无止境创新，在企业的竞争中就不应该存在成功的概念，因为假定别人说你是成功的，它一定是过去时，一定是昨天的，所以今天要做的是追求比昨天更高的目标。在一个人站上冠军领奖台上的那一瞬间，他已经不再是冠军，他必须为了下一个冠军而努力。

为了激励自己不断追求成功，我们在办公大楼前面做了一组雕塑，雕塑的图形来源于《周易》。《周易》总共有64卦，最后一卦叫“未济”，所谓“未济”就是未成功。就像人走到最后，奋斗的目标还是在追求成功。它天天在提醒着我们大家，一定要不断追求更高的目标。

所获荣誉

1996年，美国优质服务科学协会颁发的五星钻石个人终身荣誉奖。

1998年，第一个登上哈佛讲坛的中国企业家。

1999年，英国《金融时报》评选的“全球30位最具声望的企业家”。

2001年，中国共产党中央委员会（简称“中共中央”）评选的“全国优秀共产党员”。

2002年，世界性慈善组织国际联合劝募协会评选的“全球杰出企业领袖”。

2004年，美国《财富》评选的“亚洲25位最具影响力的商界领袖”。

2005年，英国《金融时报》评选的“全球50位最受尊敬的商业领袖”。

2009年，CCTV中国经济年度人物评选的“十年商业领袖人物”。

2009年，美国《商业周刊》评选的“中国最具影响力40人”。

2009年，共青团中央评选的希望工程20年特殊贡献奖。

2010年，美国《财富》（中文版）评选的“中国最具影响力的25位商界领袖”。

2011年，全球政商领袖基金会评选的睿智领袖精英奖。

2012年，欧洲顶级商学院瑞士IMD评选的管理思想领袖奖。

2012年，卡内基百年庆典评选的卡内基卓越领导人奖。

2013年，建设创新型国家战略推进委员会评选的“2012中国创新人物”。

2013年，亚洲品牌盛典颁发的亚洲品牌永远精神领袖奖。

2013年，美国管理学会（AOM）第73届年会唯一获邀做主题演讲的企业家。

2014年，凤凰财经峰会评选的“最具改革动力企业家”。

2014年，美国《财富》评选的“全球50位最伟大领袖”。

2014年，复旦管理学奖励基金会颁发的复旦企业管理杰出贡献奖的第一位获奖者。

2015年，美国最佳实践研究所（BPI）评选的“杰出首席执行官”。

2016年，该年度获得耶鲁大学管理学院评选的“传奇领袖奖”的唯一一位中国企业家。

相关链接》》》

张瑞敏获耶鲁“传奇领袖奖”

2016年6月8日上午，在纽约公共图书馆Schwarzman大楼举办的第86届耶鲁CEO峰会论坛上，海尔集团董事局主席、首席执行官张瑞敏被授予“传奇领袖奖”，成为2016年唯一一位荣获该奖项的中国企业领袖。据了解，由耶鲁管理学院主办的耶鲁大学“传奇领袖奖”创立于25年前，旨在表彰对创建国际化企业有突出贡献并对创新企业领导模式起模范作用的优秀企业家领袖，从而激励来自不同国家和行业的管理者们奋发向上。此次张瑞敏获得该奖项再次证明了西方顶级管理学院对海尔互联网转型探索的认可，也标志着以海尔为代表的中国管理模式正登上世界舞台。

在颁奖仪式上，第27届美国证券交易委员会主席William Donaldson在现场为张瑞敏颁奖，黑石集团主席兼CEO StephenA. Schwarzman以视频颁奖的形式对张瑞敏表达了祝贺。

张瑞敏在发表获奖感言时表示，在这个时间节点获得“传奇领袖奖”对他和海尔来说都非常有意义。“因为海尔正在进行一个摧毁大企业科层制的创新，把组织变成一个网络化的组织，这在全球大企业中没有先例，所以面临很多困难，此时获奖是对我们探索的一种肯定，我们会继续努力去做。”在表达感谢的同时，张瑞敏也表达了他对“传奇领袖”的感悟，他表示，“作为个人来讲，如果哪个企业家认为自己就是个传奇领袖，我就认为他应该去看心理医生，因为所有的成功都是我们引以为鉴的镜像，所谓的成功在真实当中永远不存在，所以说根本没有传奇的企业家，我们要做的就是搭建一个传奇的平台，搭建一个创业的平台让所有的员工在上面创造属于他们自己的传奇故事。”张瑞敏精彩的获奖感言赢得了在场嘉宾的热烈掌声。

CEO峰会的组织者，耶鲁大学管理学院领导力项目高级副院长Jeffrey Sonnenfeld评论道，张瑞敏是一位真正的全球商业巨人，他令他的竞争对手、同行以及像他一样的中国商业领导人都肃然起敬。作为一个转型领导者，他汲取中西方商业实践的精华，创造了他自己独特的模式。

据了解，张瑞敏所参加的CEO峰会论坛由耶鲁大学管理学院主办，旨在汇聚顶尖商业领导者、政策制定者以及学术界人士，共同探讨领导力变革。峰会每年举行2～3次，截至2016年6月8日已举办7年。本届CEO峰会主题为“未来与过去大相径庭：颠覆性创新的喜与忧”。而在曾经获得“传奇领袖奖”的商业精英中，包括通用电气CEO杰弗里·伊梅尔特、百事可乐总裁兼首席执行官英德拉·努伊、美国摩根大通CEO杰米·戴蒙、黑石集团联合创始人史蒂夫·施瓦茨曼、可口可乐前总裁唐纳德·基奥等。

自改革开放以来，中国企业都是在学习日本、美国的管理模式，但在互联网时代，全球企业站在了同一起跑线上，都在寻找适应互联网时代的全新管理模式。而从全球范围来看，进行彻底的互联网转型探索的大企业仅有海尔一家，因此张瑞敏带领海尔探索的互联网转型模式不但没有路标可寻，还成为西方渴望研究的最佳模本。据了解，海尔致力于转型为真正的互联网企业，从传统的科层制体系颠覆为网状组织，整个企业变成开放的创业生态系统，每个创客（创客特指具有创新理念、自主创业的人）和小微企业都能零距离面对用户，最终实现与用户和利益攸关各方的共创共赢。正如美国战略管理大师加里·哈默评价的那样："海尔是全球先驱型公司中的执牛耳者，正在为后科层制时代和互联网时代重新塑造着管理学的面貌。"

早在2015年11月，张瑞敏就入选"50位管理思想家（Thinkers50）"榜单，并被授予Thinkers50杰出成就奖之最佳理念实践奖，成为唯一一位获得此奖项的中国企业家。Thinkers50榜单创始人之一斯图尔特·克雷纳评价说："海尔的管理真的具有启发意义和创新精神。过去我们从西方的企业寻求灵感，现在我们放眼全球，海尔就是在管理创新上最杰出的企业之一。"同样在2015年，哈佛商学院把"海尔：与用户零距离"收入教学案例，该案例成为当年度哈佛商学院最受师生欢迎的案例之一。

除了赢得全球管理学界的广泛关注和高度认可，海尔的转型也取得了良好的经济效果。据了解，2015年海尔全球营业额为1887亿元，近10年收入复合增长率达6%，利润为180亿元，同比增长20%。从2007年开始，海尔的利润复合增长率持续保持在30%以上，是营收复合增长率的5.5倍。在海尔创业平台的180个小微企业中，有超过100个小微企业年营业收入过亿元，已有24个小微企业引入风投，有12个小微企业估值过亿元，整个海尔创业平台为社会提供的就业机会超过130万个。

世界各国的现代化进程表明，在工业化的实现过程中，尤其是在工业化中后期阶段，工业化的推进不仅仅取决于技术创新和技术进步，还取决于管理创新和科学化的程度。进入新世纪，中国经济的持续高增长以及中国模式、中国经验都在全世界备受关注。在这种时代背景下，以海尔为代表的中国企业所进行的互联网时代的管理创新，正在让中国管理模式登上世界舞台。

【拓展阅读】

Thinkers50

Thinkers50于2001年建立，是全球首个管理思想家排行榜，每2年评选一次。

凭借其客观性和强大的舆情系统，Thinkers50得到全球性的赞赏和认可，奠定了它在管理思想领域领先的独立性、权威性地位。

2013年，湛庐文化作为Thinkers50在中国的独家战略合作伙伴，致力于共同推广国际顶级商业思想在中国企业界、商界的普及。以Future Thinkers作为承载Thinkers50传播的平台，为合作伙伴打开了国际视野的新窗口，是一项旨在挖掘与传播能够影响并改变世界的先进思想，进而深刻参与塑造世界与中国的未来的长远项目。

第二节 张瑞敏其事

临危受命

1984年，张瑞敏临危受命，接任当时已经资不抵债、濒临倒闭的青岛电冰箱总厂（海尔的前身）厂长。那个时候，这间工厂已经几个月都发不出工资了。

砸了76台冰箱

1. 事情的起因

1985年，青岛电冰箱总厂生产的瑞雪牌电冰箱在一次质量检查时，发现库存不多的电冰箱中有76台不合格，按照当时的销售行情，这些电冰箱稍加维修便可出售。

2. 当时的背景

当时一台冰箱800多元，而职工每月平均工资只有40元，一台冰箱几乎等于一个工人2年的工资。当时职工们纷纷建议：便宜处理给工人。

3. 为什么要砸

张瑞敏对员工说："如果便宜处理给你们，就等于告诉大家可以生产这种带缺陷的冰箱。今天是76台，明天就可能是760台、7600台……因此，必须解决这个问题。"

于是，张瑞敏决定砸毁这76台冰箱，而且是由责任者自己砸毁。很多职工在砸毁冰箱时都流下了眼泪，平时浪费了多少产品，没有人心痛，但亲手砸毁冰箱时，感受到这是一笔很大的损失，痛心疾首。

张瑞敏砸的第一锤

4. 奠定了质量基础

为什么一定要砸冰箱？张瑞敏是想通过这样的举动唤起员工的落实意识，包括对优等质量的落实和对岗位责任的落实。他是要通过行动告诉员工：我们提倡什么，我们反对什么！

而那把砸冰箱的大锤，由此在海尔乃至中国企业创品牌的道路上，都具有了标志性的意义。2009年，张瑞敏手中的那把铁锤被中国国家博物馆收藏为国家文物，编号：国博收藏092号。

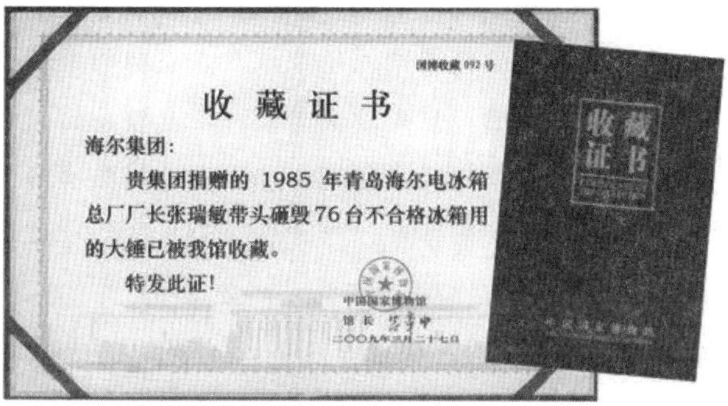

国博收藏092号

收藏证书

海尔集团：

贵集团捐赠的1985年青岛海尔电冰箱总厂厂长张瑞敏带头砸毁76台不合格冰箱用的大锤已被我馆收藏。

特发此证！

中国国家博物馆

砸毁76台不合格冰箱所用大锤的证书

相关链接

张瑞敏：只要找到路 就不怕路远

（以下是张瑞敏于2011年6月17日在全球睿智领袖精英奖颁奖典礼上的演讲摘选。）

企业垮台一定在突然之间

差不多9年前，我偶然从《财富》杂志上看到一个忠告，“成功是失败之母”。这些年来，我一直把这本杂志封面的照片摆在我的办公桌上，我觉得它对激励我今天站在这个会场上起到非常大的作用。

封面上半部分有一句话，“企业为什么失败”。下半部分也有一句话，就是“首席执行官总是为企业失败寻找借口，但是根源就在他们自己所犯下的错误中”。这句话对我的触动非常大。这篇文章又做了详细的分析，犯的是什么错误呢，就是因为你曾经或许是成功的，但是成功的思维定式迷住了你的双眼，让你对外界的变化不再当一回事，对内部出现的问题，可能就不太注意，而且正如这篇文章所说，企业的垮台不会是一点点垮掉，一定是突然的。

这个忠告对企业来说非常必要，非常有用。由此，我也在想，怎么样才能避免陷入由成功带来的思维定式，避免从成功向失败转化？我有两点体会：

第一，企业竞争中不应存在成功的概念。

对企业的经营管理模式而言，成功的概念应是追求不间断的创新，如果是为了追求创新无止境，在企业的竞争中就不应该存在成功的概念。因为所有的成功，假定别人说你是成功的，它一定是过去时，一定是昨天的，那么今天要做的是追求比昨天更高的目标。一个人站上冠军领奖台上的那一瞬间，他已经不再是冠军，而是必须要为下一个冠军而努力。

第二，如果一家企业被大家认为是成功的，那么它一定符合了时代的要求。

西方有句谚语，“台风来了，猪都会飞”。也就是说，如果你赶上好的机遇，可能很快就能发展起来，但是下一个机遇会不会降临到你头上呢？就不一定了。比如中国改革开放以后的20世纪80年代，我们开始做电冰箱的时候，全国有300多家冰箱厂，但是现在只剩下几家。

所以我认为企业具有时代性，你只有不断地抓住机遇，才能持续发展。世界500强企业，平均寿命只有30～40年，其中很重要的一个原因，就是它们没有真正成为一家时代的企业。既然要想成为一家时代的企业，就应该在新的时代创出新的商业模式。

我个人觉得，企业竞争的成败，在很大程度上是由这家企业采取了什么样的商业模式来决定的，而商业模式的成败是由客户价值主张来决定的。换句话说，就是企业能否创造这个时代的客户价值。

找到商业模式这条路

商业模式能不能真正成功，能不能持续创新，关键在员工。所以在我们的设计当中，员工成为创新的主体。我们集团有一句话，叫“我的用户我创造，我的增值我分享”。就是说每一个员工，都有他的用户，都要给用户创造价值，为用户创造价值的增值部分可以用来分享。

很多西方的企业都有一句口号，叫“股东第一”，但是我不太认可这个概念，我认为“股东第一”应该是企业经营的结果，但不应该成为目的。企业经营的目的，就是创造客户价值，为了能够创造客户价值，就必须为员工提供更好的创新空间，只有为员工提供这个创新空间，他才能保证用户价值的实现。

如果说，员工和用户结合在一起，能够创造价值，那么股东利益的实现就是必然的结果。其实我们自己就是这样，我们在上海和香港各有一家上市公司，我们进行模式创新之后，公司利润增长得很好，受到股民的认可。其实，股民是看中了你的商业模式对盈利能力的提升。

我们目前正在加快探索（商业模式）的力度，但是遇到的困难非常多。

从内部来讲，中国企业到现在为止，没有属于自己的管理模式，都是学习西方的。但是学习西方的时候，大多只是学习西方的管理工具。比如说，刚刚改革开放的时候，我们主要学习日本的全面质量管理，后来又学习六西格玛等很多管理工具，但是真正从理论上来指导中国企业怎么做的，没有。

从外部来讲，我们也想学习国外在互联网时代非常成功的管理模式，进行了很多探讨，但现在还很难找到一个成熟的互联网时代的管理模式。所以我们主要靠自己来摸索。

从我自己来说，我的出国学习交流也经历过三个不同的阶段。20世纪80年代到90年代，主要到国外引进先进的技术和设备；90年代之后的一段时间，主要是到海外建立工厂，把产品出口到国外。可以说第一阶段是“引进来”，第二阶段是“走出去”。现在，对企业来说这些工作还一直在做，但就我本人而言，已不再做这些了，而主要研究管理模式。我现在出国主要是到美国等发达国家，和国际上一些大企业家、管理学者、商学院教授，还有做得好的企业管理者进行探讨。他们也认为，在互联网时代，大型企业进行组织颠覆会面临很多挑战。

虽然困难不少，但是我们自己认定了这个方向是一定要做下去的，而且到现在为止，也达成了初步的效果。2011年欧洲的一个统计机构把海尔评为“全球白色家电第一品牌”。我们的战略绩效也有很大变化，2011年海尔的营业收入增长了9.2%，利润增长了77.7%，利润增幅是营业收入增幅的8倍多。为什么利润会大幅度增长呢？就是因为一部分自主经营体变成利润中心，为了实现更高的利润，不断地创造更多的用户资源。

比利润增幅更重要的指标是现金流。海尔现在的营运资金周转天数可以达到负的10天，中国制造业的企业中达到负数的还不多，这方面曾经做得最好的企业是美国的戴尔，它最高的时候可以达到负的30多天，这也是模式创新带来的积极变化。

由于时间关系，我不能详细地陈述。总而言之，朝着这个方向，我们还要继续努力下去，坚定不移地去探索，坚持不懈地去探索。因为只要找到路，就不怕路远！

【拓展阅读】

张瑞敏经典语录

1. 管理者要是坐下，部下就躺下了。

2. 管理就是行动。

3. 管理就是树立榜样。

4. 高层管理不等于高高在上。

5. 管理者必须进行问题管理，而不是危机管理。

6. 干部怕的就是不知道自己怕什么。

7. 没思路的领导不想互动，没控制力的领导不敢互动。

8. 干部怎样对待问题？要100%地落实责任，即“见数也见人”的原则。每个1%的问题都可以转化为100%的责任，100%的责任人。

9. 干部怎样对员工？创造一个充满活力的氛围。

10. 干部怎样对市场？创与闯。既要创新、创造，又要有闯劲、冲劲。

11. 干部怎样对待管理？有悟性和韧性。

12. 干部的目标：做超级领导，即你的领导水平达到了能够让下属在没有领导的时候仍能够正常工作。培养有活力的员工，形成有合力的组织。

13. 干部是事业成败的关键。

14. 如果你或你的部门没有了上升的空间，也将失去生存空间。

15. 终端的问题就是领导的问题。

16. 看不出问题是最大的问题。

17. 重复出现的问题是作风上的问题。

18. 部下素质低不是你的责任，但是不能提高部下的素质是你的责任。

19. 观念不变原地转，观念一变天地宽。

20．管事先管人，管人带作风。

21．渐进就是守旧。所以经营理念创新，就要反渐进，必须一步到位。

22．不只做一颗螺丝钉，要经营一部机器。

23．先画靶子再打枪。

24．特殊论就是给问题放行。

25．“立刻办”是奔着有预算的目标立刻办；“想想看”是没有预算的闭门造车。

26．开发的是市场而不是产品。

27．市场目标的确定不是以个人能力为限，而是以用户满意度为准。

28．对市场目标的确定就是以在市场上有竞争力增值为标准。

29．带动全球经济增长的火车头减速并不意味着所有的车厢都减速。

30．零增长不等于零需求。

31．有效供给才能创造出市场。

32．海尔人只有创业没有守业。

33．海尔国际化战略能否成功，主要是靠每一个海尔人的国际化，有了每一个人的国际化才能保证海尔集团的国际化。

34．企业竞争力的实现取决于创新的细胞——SBU（Strateyical Business Unite的缩写，即战略事业单位，又称战略业务单元）。

35．企业核心竞争力就是获取用户资源的能力。

36．一个企业的竞争力是看一个企业的员工是增值的资产还是负债。

37．要以秒为计算单位。

38．客户的要求不等于客户的需求。

39．造势产品输入的是用户的需求，输出的是用户的满意。

40．企业一旦站立到创新的浪尖上，维持的办法只有一个，就是要持续创新。

41．要持续造势，就要使企业成为一条流动的河。源头是创新的SBU，河的终点是用户的满意度，即对企业忠诚的用户。

42．把每位员工经营成创新的SBU并不断经营出高素质的人才的决定性因素就是管理者能否经营自我。

43．成为SBU的四个要素是：市场目标、市场订单、市场效果、市场报酬。

44．SBU具体的体现就是速度和创新。

45．经营企业就是要经营人，经营人首先要尊重人。

46．止谤莫如自修。战胜非议的唯一途径就是战胜自我。

47．挑战目标首先要挑战自我。

48．工作要简化，不要简单化。

49．求人不如求己。

50．“想干与不想干”是有没有责任感问题，是“德”的问题；“会干与不会干”是“才”的问题，但是不会干是被动的，是按照别人的要求去干；“能干与不能干”是创新的问题，即能不能不断提高自己的目标。

51．没有市场订单的管理者就是不要管理的管理者；没有市场订单的员工就是不干工作的员工，责任不在员工身上，而在管理者身上；没有市场订单的工作就是无效工作。

52．决胜在终端。

53．流程再造就是先要再造人。

54．企业内部管理革命是为了创造企业外部的市场。

55．不是因为有些事情难以做到，我们才失去了斗志，而是因为我们失去了斗志，那些事情才难以做到。

56．我们所有的质量问题，都是人的问题，设备不好是人不好，零部件不合格是人不合格；我们所有发展不起来的问题都是思路问题，不是缺人是缺思路，不是缺件是缺思路。

57．企业发展的空间无限大，企业与用户的距离无限小。

58．有价值的订单是企业发展的永恒的主题，企业要发展必须有订单而且是有价值的订单。

59．质量无止境，企业无边界，名牌无国界。

60．“一站到位”的服务，“一票到底”的流程。

61．员工齐心，管理用心，对用户真心。

62．企业生命之树的土壤是用户。

63．企业做到极致，满足用户需求，无有他奇，只是本然。

64．要在国际市场竞争中取胜，第一是质量，第二是质量，第三还是质量。

65．质量不打折、服务不打折、信誉不打折。

66．质量一次就过关。

67．有缺陷的产品就是废品。

68．在一个管理好的企业内部没有激动人心的事情发生。

69．管理的关键不在于知而在于行。

70．没有订单就没有目标，没有目标就没有工资。

71．盘活资产首先要盘活人。

72．在别人否定自己之前先自我否定。

73．只有自己才能打倒自己。

74．突破自我，突破思维定式，突破昨天。

75．智力比知识重要，素质比智力重要，觉悟比素质重要。

76．创新的目标是创造有价值的订单；创新的本质是创造性的破坏，破坏所有阻碍创造有价值订单的枷锁；创新的途径是创造性的模仿和借鉴，即借力。

77．监控就是爱护，委任就是信任。

78．观念创新就是目标创新，目标创新就是提出别人认为不可能达到的目标，并用创新的办法实现它。

79．每个中高级管理人员只有自己先找到市场才能找到市场中竞争的方向。

80．不能用职能管理的手推职能管理的山。

81．永远战战兢兢，永远如履薄冰。

82．职能签字是事先没有市场目标的签字，事先无人负责的签字，用户的签字才是有效的签字。

83．用户的钞票才是企业的选票，用户的口碑才是企业的金杯。

84．只有真正实现了问题清零和买断损失，才能卖出有价值的订单。

85．要效果，不要借口。

86．没有思路就没有出路。

87．举一纲而万目张，失一机而万事毁。

88．管理无小事。

89．物流以时间消灭空间，商流以空间消灭时间。

90．什么是不简单？能够把简单的事千百遍都做对，就是不简单。什么是不容易？把大家公认的非常容易的事情认真地做好，就是不容易。

91．图难于其易，为大于其细。

92．把不可能变成可能。

93．昨天的成功经验与辉煌可能是明天成功的阻碍。

94．要做到实事求是，有两点很重要：其一是能不能实事求是，即思维方式的改变问题；其二是敢不敢实事求是，即思想境界的提高问题。

95．解决无效管理，首先，要在思想观念上树立以几何级数去提高工作效果的信心；其次，要有创新是无止境的观念，创新的空间存在于每个地方、每个人、每件事上。

96．一切结论产生在调查研究之后；在调查研究中，如果找不出原因和解决办法就不能放弃。

97．真正的人才总是在寻找实现自我的机遇。

98．市场是每个人的上级。

第二章
海尔的发展历程

导言：

创立于1984年，崛起于改革大潮之中的海尔集团，在短短10多年时间里便创造了从无到有、从小到大、从弱到强、从国内到海外的卓著业绩。

第一节　海尔前身

青岛电冰箱总厂

1984年，青岛电冰箱总厂只是一家只有一种产品，职工人数不到800，亏空147万元的小厂。

青岛电冰箱总厂原貌

前厂长的说法

在张瑞敏被调到青岛电冰箱总厂前的1年时间里，这里先后有3位厂长主动申请调职。原因分别是：工厂生产的电冰箱质量不好、冰箱卖不出去、认为工厂没有发展前途。

厂里实际情况

张瑞敏来到这家濒临倒闭的街道小工厂是12月。刺骨的寒风呼呼地刮进车间，因为大部分窗户都没玻璃了，工人们把木头窗卸了烤火，正围着火堆烤红薯呢。

当时多数工人早上8点来工厂溜一圈就走。而张瑞敏一上任，迎接他的就是53张员工请调报告。

13条“军规”

张瑞敏上任之后，在车间里和工人们一起劳动了一段时间，他发现工厂缺乏有效的管理制度，工人们很少按规矩办事。于是他颁布了13条“军规”，如下图所示。

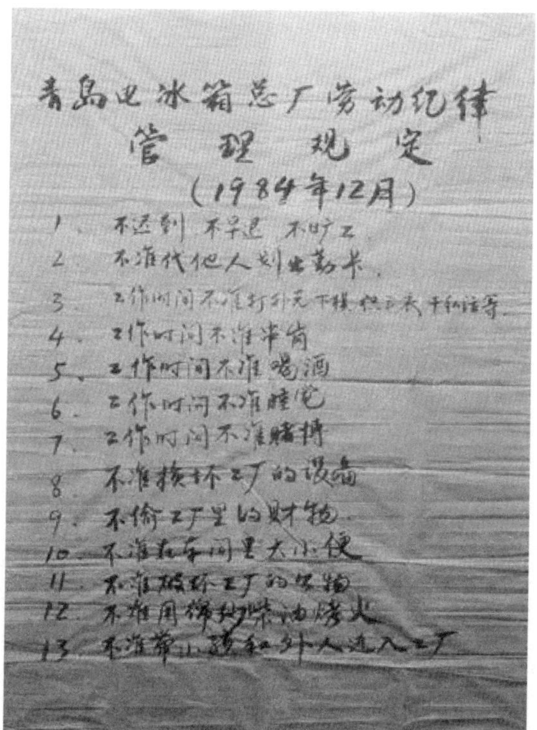
青岛电冰箱总厂劳动纪律
管理规定
（1984年12月）
1. 不迟到 不早退 不旷工
2. 不准代他人划出勤卡
3. 工作时间不准打扑克 下棋 织毛衣 干私活等
4. 工作时间不准串岗
5. 工作时间不准喝酒
6. 工作时间不准睡觉
7. 工作时间不准赌博
8. 不准损坏工厂的设备
9. 不偷工厂里的财物
10. 不准在车间里大小便
11. 不准哄抢工厂的物资
12. 不准用棉纱柴油烤火
13. 不准带小孩和外人进入工厂

13条“军规”

【拓展阅读】

张瑞敏“管理百年”课程节选

管理没有最终的答案，只有永恒的追问

思想应该是一脉相承的。管理包括三要素：管理主体、管理客体、管理方法（手段或者工具）。管理主体就是管理系统，包括决策、执行、监督等等；管理客体就是管理对象，包括人财物、主要被管理者；管理方法就是用什么样的方法将管理者和被管理者之间连接起来。有的人问我为什么干了那么久管理，而且还管得比较可以？主要是因为我当了很多年的被管理者，所以我会从被管理者的角度看管理者。这个管理的三要素，直到今天都非常重要。

已经生产出来入库的冰箱，检查之后找出来70多台不合格的，贴上封条，写明什么缺陷，谁干的由谁来砸毁它。为什么？砸冰箱并不意味着质量就上去了。我们需要改变的是观念，观念的改变并没有改变事实本身，但是改变了你对于事实的看法。一天24小时，不管什么观念都不会改变这个事实。但是如果你说时间是金钱，你会对时间的认识完全不一样。所以我们通过砸冰箱这件事，一下把大家对于全面质量管理的认识提高起来了，让每个人意识到必须把工作做到位。

管理方法我觉得只要实用就好。泰勒以高效率为目标，想产生最大的财富，但是最后被自己束缚住了，认为工人就是磨洋工，要求他们这样做他们未必能做到，因此就派出监工监督，监工和工人形成博弈，但这一方法又制约了高效率的实现。

对于企业来讲，想做到长久很难。20世纪80年代有一本风靡全世界的书叫《追求卓越》，书中列了43个最优秀企业的例子，5年之后再去调查，只剩下1/3，2/3都不行了。英国管理学家斯图尔特说：“管理上没有最终的答案，只有永恒的追问。”就像海尔的理念，永远要自以为非，而不要自以为是。

百年经典还适用吗

企业一定是从有边界变为无边界。科斯说企业有边界，为什么会有边界呢？如果你这个企业内部费用大于外部的交易成本，就不要干了，你就要把边界缩小。如果内部费用小于外部的交易成本，扩大生产，竞争力就扩大了。但是这个问题在哪里？问题是有了互联网这个定律就有问题。互联网时代企业是无边界的，我可以整合各种资源。所以海尔有一句话：世界就是我的人力资源部，世界就是我的研发部，为什么不能利用这些资源呢？全球最好的资源可以被我整合，我就可以把内部费用降到最低。

海尔原来之所以能比同行业的企业做得大一点，快一点，就是因为海尔的执行力文化。原来我叫你做什么你一定要做到，现在执行力文化变成创业文化，不是我要你往东走或往西走，而是你自己要找到你自己走的道路，很多人就茫然了。这是海尔遇到的第一个在观念上、思想上的非常难的地方。

企业再造是以用户为中心，不是以企业为中心

放到国际大视角来看，从产品管理的角度讲一共有两次引领：第一次是福特汽车，福特汽车通过流水线生产让很多普通家庭都可以买得起。这是革命性。第二次就是丰田，丰田的精益管理使消费者可以不断得到价格上的优惠，而且可以得到体验上的好处。这两次都是从产品角度，也就是从消费者角度出发。现在也是一样，老百姓才不管你的产品是怎么管理的。我认为还会有第三次引领，第三次就是硬件能不能不要钱，靠聚过来的用户和其他的资源获得生态思路。不管什么办法，谁能做到，谁就领先。海尔做到海尔就领先，海尔做不到就被淘汰。

产品分三类：物理件、智能件、连接件。所有的公司都聚焦在智能件，都在想我怎么才可以搞得更好？没有人想这个产品第一要变成网器（网器是智慧生活或物联网的衍生概念，相对于“电器”，可以理解为通过“互联网智能驱动的电器”），第二要跟用户连接起来，这个连接就是可以和用户交互。所以说这就是物联网始终叫好不叫座的原因。现在海尔思考的是我能不能变成用户的一个群？需要把用户聚到这个平台上来。我怎么让用户跟我连接起来？互联工厂也要跟我们连接，我们现在做的就是社群，一个一个社群，一个一个社区，把用户真正连接到一起。而且现在这个初见成效，然后再来倒逼智能件的提高。如果你周围没有用户群，我认为你就什么都不是。

企业与用户零距离：如何将经典的线性管理转为非线性管理

从经典管理理论角度看，钱德勒在《规模与范围》中提出，企业的目标是把企业做大做强，规模大范围广；企业的成长路径取决于两个变量——战略和组织。战略决定组织，是从属关系。各种管理方法都是沿着这个线性逻辑推进的，是线性管理。

互联网时代，线性管理要改变为非线性管理。哈耶克从早期的“自发秩序”的思想脱胎为“扩展秩序”的思想，对今天的探索更有指导意义。在《致命的自负》中哈耶克讲到，“使人类合作的扩展变得无限广阔”。

海尔的探索：将大企业变革为创业的生态系统

在传统经济模式下，名牌体现的是零和博弈。互联网时代，传统模式要颠覆为平台模式。做成平台，需要具备两个条件：零摩擦参与和换边效应。海尔的颠覆目标是从传统名牌经济转型为平台商业，从零和博弈转型为共创共赢，从名牌超值转型为社群用户的终生价值。

目前，海尔的探索体现为“创新社会化开放创业平台”。以车小微为例，社会车辆可以零摩擦参与，进入海尔的物流平台，从海尔获得订单，根据用户的需求、体验和用户的评价来决定车主工资的多少；另外，车主可以实现换边效应，在社区发展用户资源，通过提供服务，转变为创业者。

企业的自我颠覆

每一次自我颠覆，都是比较困难的，特别是大企业，你既要考虑不要出现太大的问题，又要加快进度。实际上我们每个周六开会就起到统一思想的作用。第一，不是要大家喊口号表示统一，更多的是要大家明白，如果不这么走，我们就没路可走，所谓的调频就是调到一个频道上来。第二，先有一些样板，这些样板起到一种引领作用，这么做其他人可以跟进。通过这种办法逐渐由点到线，由线到面把它做起来。

我们兼并GE家电，GE是百年老公司，但是到海尔来之后一定要改变。有限的游戏是以输赢为目标，无限的游戏是以延续为目标。有限游戏参与者是在界限内玩游戏，无限的游戏参与者是和界限玩游戏。所以GE和我们合到一起后只需注意一个问题：你能不能和界限玩游戏。原来你基本上在是界限内玩游戏，那你现在就是要创新，就是要改变。

我们的探索就是，把企业真正变成一个自组织：我们前一些年把1万多名中间管理层去掉，要么你就创业，要么你就离开。把企业原来的金字塔式结构一下子变成平台，这个平台上面只欢迎创业。

互联网带来的就是零距离，零距离就是信息不对称，原来让信息不对称的主动权在企业手里，现在到了用户手里。现在在互联网上打广告有什么用呢？因为你的命运掌握在用户手上，用户说你行你就行，用户的手指决定你的生存。这个时候再想原来传统管理的主体、客体、手段怎么来应用，已经找不到方法了。

第二节 海尔名称的变更

青岛琴岛海尔集团公司

1985年，青岛电冰箱总厂创业刚起步时，从德国利勃海尔公司引进先进技术和设备，生产出亚洲第一代“四星级”电冰箱。当时双方签订的合同规定，为体现双方合作，青岛电冰箱总厂可在德国商标上加注厂址在青岛，于是青岛电冰箱总厂引进“琴岛—利勃海尔”（“琴岛”是青岛的别称）作为工厂的商标。

1991年，青岛电冰箱总厂把名称改为“青岛琴岛海尔集团公司”。

海尔集团

而随着公司进军国际化市场步伐加快，1991年12月，公司名称改为“海尔集团”。

海尔董事局大楼

【拓展阅读】

利勃海尔

利勃海尔集团在全球范围内以制造工程机械设备、冷藏冷冻设备和铁路及航天设备而闻名。利勃海尔专注于制冷领域，产品包括奢华冰箱、葡萄酒柜、雪茄柜等。

利勃海尔奢华冰箱采用了多项高端技术和应用，包括电子控制系统、生物养鲜系统、无霜系统、柔性阻尼系统以及利勃海尔创新的中央制冰系统等。

第三节 海尔的发展历程

从1984年创业至2016年，海尔集团经过了名牌战略发展阶段、多元化战略发展阶段、国际化战略发展阶段、全球化品牌战略发展阶段、网络化战略发展阶段五个发展阶段。

名牌战略发展阶段

这一阶段是从1984年到1991年，理念是“要么不干，要干就干第一”。

这个阶段正值改革开放初期，很多企业引进国外先进的电冰箱技术和设备，包括海尔的前身青岛电冰箱总厂。那时，家电供不应求，很多企业努力扩大规模，只注重产量而不注重质量。海尔没有盲目增加产量，而是严抓质量，实施全面质量管理，提出了“要么不干，要干就干第一”的口号。当家电市场供大于求时，海尔凭借差异化的质量赢得竞争优势。

这一阶段，海尔专心致志做冰箱，在管理、技术、人才、资金、企业文化方面有了可以移植的模式。

著名的砸毁76台不合格冰箱事件便发生在这个阶段。

多元化战略发展阶段

这一阶段是从1991年到1998年，理念是“海尔文化激活休克鱼”。

20世纪90年代，国家政策鼓励企业兼并重组，一些企业兼并重组后无法持续下去，或认为应进行专业化而不应进行多元化。海尔的创新是以“海尔文化激活休克鱼”思路先后兼并了国内18家企业，使企业在多元化经营与规模扩张方面，进入了一个更广阔的发展空间。当时，家电市场竞争激烈，质量已经成为用户的基本需求。海尔在国内率先推出星级服务体系，当家电企业纷纷打价格战时，海尔凭借差异化的服务赢得竞争优势。

这一阶段，海尔开始实行OEC管理法，这一点会在第四章讲到。

1998年，哈佛大学把“海尔文化激活休克鱼”写入教学案例，并邀请张瑞敏参加案例的研讨。张瑞敏成为第一个登上哈佛讲坛的中国企业家。

国际化战略发展阶段

这一阶段是从1999年到2005年。

20世纪90年代末，中国加入WTO（世界贸易组织），很多企业响应中央号召“走出去”，但“走出去”之后非常困难，又退回来继续做贴牌。

而海尔认为“走出去”不只为创汇，更重要的是创中国自己的品牌。因此海尔提出“走出去、走进去、走上去”的“三步走”战略，以“先难后易”的思路，首先进入发达国家创名牌，再以高屋建瓴之势进入发展中国家，逐渐在海外建立起设计、制造、营销的三位一体本土化模式。

这一阶段，海尔推行市场链管理，以计算机信息系统为基础，以订单信息流为中心，带动物流和资金流的运行，实现业务流程再造。这一管理创新加速了企业内部的信息流通，激励了员工，使其价值取向与用户需求相一致。

美国海尔大厦位于美国纽约曼哈顿百老汇大街，这幢建筑是纽约的标志性建筑之一，是海尔在美国的总部。

美国海尔大厦

全球化品牌战略发展阶段

这一阶段是从2006年到2012年。

互联网时代带来营销的碎片化，传统企业的“生产—库存—销售”模式不能满足用户个性化的需求，企业必须从“以企业为中心卖产品”转变为“以用户为中心卖服务”，即用户驱动的“即需即供”模式。

互联网也带来全球经济的一体化，国际化和全球化之间是逻辑递进关系。国际化是以企业自身的资源去创造国际品牌，而全球化是将全球的资源为我所用，创造本土化主流品牌，两者之间有质的不同。因此，海尔整合全球的研发、制造、营销资源，创全球化品牌。

这一阶段，海尔探索的在互联网时代创造顾客的商业模式就是“人单合一双赢”模式。

2010年，张瑞敏在美国与世界顶级的管理大师迈克尔·波特和加里·哈默交流海尔“人单合一双赢”模式。两位管理大师对海尔“人单合一双赢”模式的实践给予了高度评价，加里·哈默认为海尔推进的自主经营体系创新是超前的。

网络化战略发展阶段

这一阶段是从2013年开始到2019年。

互联网时代的到来颠覆了传统经济的发展模式，而新模式的基础和运行则体现在网络化上，即市场和企业更多地呈现出网络化特征。

在海尔看来，网络化企业发展战略的实施路径主要体现在企业无边界、管理无领导、供应链无尺度三个方面，即实行大规模定制，按需设计，按需制造，按需配送。

随着互联网的发展，海尔继续探索“人单合一双赢”商业模式，把自己打造成互联网时代的平台型企业。

【拓展阅读】

海尔所获荣誉

下表为2014年至2016年海尔所获荣誉。

海尔所获荣誉表

时间	荣誉
2016年10月11日	海尔入选美国“《财富》美国2016年最受赞赏的中国公司”榜单，位居电子电器类第一，并进入榜单前3名
2016年9月20日	2016年中国自主品牌峰会发布“2016年中国自主品牌百佳企业”名单，海尔入选“2016年中国自主品牌百佳”企业，首席执行官张瑞敏被授予峰会最高荣誉——“中国自主品牌特别致敬人物”称号
2016年9月20日	“2016年（第22届）中国品牌价值100强”榜单发布，海尔以1516.28亿元的品牌价值，连续15年蝉联榜首
2016年6月22日	海尔入选世界品牌实验室（World Brand Lab）“中国500最具价值品牌”
2016年5月26日	海尔荣获“人本中国”最佳创新企业奖
2015年12月15日	海尔入围“2015年度世界品牌500强”前100强，并位居全球白色家电品牌第一

（续表）

时间	荣誉
2015年12月8日	海尔入选“中国企业文化建设10强”
2015年11月28日	海尔荣获2015中国品牌建设贡献大奖
2015年11月25日	中国轻工业管理创新大奖揭晓，海尔荣获一等奖
2015年11月20日	海尔入围“2015年十大民族影响力品牌排行榜”
2015年11月19日	海尔在“2015年百度家电品牌数字资产榜”中居行业首位
2015年11月5日	“中国制造十佳品质”杰出贡献奖揭晓，海尔为白电行业唯一获奖者
2015年10月19日	海尔获“变革非凡雇主”称号
2015年10月14日	海尔再度入选“山东企业100强”和“山东制造业50强”名单，并排名家电类企业第一
2015年9月24日	美国《财富》发布“2015年最受赞赏的中国公司”排行榜，海尔入选并位居第五
2015年9月17日	海尔连续14年蝉联“中国品牌价值”榜首
2015年9月1日	海尔成为国家标准化管理委员会批复同意的国内第一家承担技术标准创新基地建设的企业
2015年8月22日	海尔连续14年入选“中国企业500强”，并继续蝉联家电行业第一
2015年6月26日	海尔连续4年蝉联“中国轻工业百强企业”榜单榜首
2015年6月25日	海尔入选德国Plus X大奖，荣获2015年度最具创新品牌大奖，旗下型号为HW80-B14266A的滚筒洗衣机和HRF-800DGS8的对开门冰箱成功入选
2015年6月16日	World Brand Lab：海尔连续12年蝉联“中国500最具价值品牌”家电行业榜首
2015年6月13日	海尔成功入选世界海关组织私营部门高层战略咨询委员会，这是中国企业第一次加入该委员会
2015年5月28日	Interbrand发布“2015最佳中国品牌价值排行榜”，海尔连续4年蝉联家电品牌第一
2015年4月9日	海尔荣获第三届中国工业大奖

（续表）

时间	荣誉
2015年1月27日	海尔“网络化战略下按单聚散的人力资源管理”获得企业管理现代化创新成果一等奖
2015年1月18日	海尔入选“中国自主品牌百佳企业”
2014年12月26日	海尔荣膺“最具世界影响力中国品牌”称号
2014年12月23日	海尔荣获2014年度品质服务售后奖
2014年11月20日	海尔荣获2014中国好雇主行业综合奖
2014年11月	海尔获4项家电科技进步奖，居行业首位
2014年11月3日	海尔兄弟新形象获两项中国最佳品牌建设案例奖
2014年9月16日	海尔获得“2014全球竞争力品牌·中国TOP10”称号
2014年9月	世界影响力组织授予海尔2014全球智慧家电品牌领袖大奖
2014年7月	2014年冰箱产业年会上，海尔包揽健康、智能双领袖奖
2014年3月	《财富》杂志授予海尔集团主席兼CEO张瑞敏“全球50位最伟大领袖”称号
2014年1月	《快公司》杂志授予海尔“全球最具创新力公司”称号

相关链接》

2016“中国500最具价值品牌”榜单发布 海尔蝉联家电第一

2016年6月22日，由世界品牌实验室（World Brand Lab）主办的2016年第十三届世界品牌大会暨2016年（第十三届）“中国500最具价值品牌”发布会在北京举行，会上2016年度“中国500最具价值品牌”榜单正式揭晓。海尔集团品牌价值同比提升50.4%，以2218.65亿元的品牌价值位列品牌榜第五位，排名同比提升3位，连续13年蝉联家电行业第一品牌。

世界品牌实验室是一家国际化、专业性的品牌研究机构，由1999年诺贝尔经济学奖得主、“欧元之父”、美国哥伦比亚大学教授罗伯特·蒙代尔（Robert

Mundell）担任主席，专家和顾问来自哈佛大学、耶鲁大学、麻省理工学院、斯坦福大学、牛津大学、剑桥大学等世界顶级学府，其研究成果已经成为许多企业并购过程中无形资产评估的重要依据。本届世界品牌大会主题为“可持续发展的品牌”，牛津大学赛德商学院市场系教授斯蒂芬·沃格、剑桥大学工业可持续研究中心主任斯蒂芬·埃文斯等专家学者在会上做了演讲。

与“可持续发展的品牌”主题相契合，自1984年创业以来，海尔的品牌建设一直随时代变化而变化，从中国冰箱行业的第一块质量金牌到全球大型家电第一品牌，海尔在不同时代均取得了突出的创牌成绩。进入互联网时代，依托网络化转型探索实践，海尔进一步开始探索互联网时代的品牌建设。

海尔认为传统时代的品牌竞争是产品之间的竞争，互联网时代的品牌竞争是人的关系的竞争，而人的关系的竞争就是与用户融合的强度。“品牌即关系”的理念让海尔追求为用户提供全流程最佳体验，倒逼企业进行商业模式、制造模式和消费模式的颠覆，通过与用户融合成生态圈，从产品经济向社群经济过渡。以海尔馨厨冰箱为例，作为行业第一款互联网冰箱，馨厨从一开始就搭建与用户交互的生态圈，将冰箱由电器变为网器、变成用户流量入口，与利益攸关方共同打造基于厨房生活的场景商务平台，创建了共赢增值的社群用户体验生态圈。

与此同时，互联网时代创牌的主体也从企业变成了个人。为此海尔通过人人创客打造时代的品牌。海尔从封闭的科层制企业转型为开放的互联网企业，把创牌过程从企业内部进行变成用户全流程参与，让所有用户、员工创客和利益攸关方都在开放的生态圈中共创品牌。据了解，现在海尔创业平台上已有200多个创业小微，每个小微都是拥有决策权、分配权、用人权三权的自组织，在用户付薪等机制驱动下，自主创造面向用户的新品牌。目前平台上已诞生了雷神、小帅、社区洗、乐家等知名的创客名牌。

截至2016年6月22日，海尔的互联网品牌建设取得了显著的成果。数据显示，2015年海尔全球营业额达到1887亿元，10年复合增长率达到6%；实现利润180亿元，10年复合增长率超过30%。

第三章
海尔的产品

导言：

海尔的产品涉及空气、洗护、用水、美食、安全、健康和娱乐七大领域，旗下拥有冰箱、空调、洗衣机、电脑、干衣机、剃须刀、体重秤、空气净化器、水质净化器、智能扫地机器人、手机等数十种产品。

第一节 家用产品

海尔冰箱

1984年，海尔的前身青岛电冰箱总厂还是一家通过引进德国冰箱生产线来制造中国冰箱，填补国内冰箱空白的小企业，而现在海尔已是全球最大、最先进的冰箱制造商之一。

海尔冰箱专区页面截图

1. 魔鬼试验

在不断创新的背后，为了让产品的性能更加可靠，海尔还增加了一个可靠性试验环节，这个环节被用户誉为“魔鬼试验”。

（1）“路考”。

据悉，每一批冰箱在制造前，都要先根据国家对电冰箱运输试验标准的要求，在模拟环境下进行跌落、震动、撞击等试验，接着还要对冰箱进行“路考”，即在恶劣的道路环境下进行100公里实地试验。海尔冰箱的这种试验标准更符合国内道路运输的实际情况，这意味着通过“路考”后的海尔冰箱才能到达用户家中，为消费者服务。这种始终为服务好用户而进行创新的理念是海尔冰箱赢得信赖的原因。

（2）世界冠军。

2009年，世界著名的消费市场研究机构欧洲透视发布消息：中国海尔冰箱以12.4%的品牌市场占有率超越惠而浦成为新的世界家电冠军。这是中国改革开放30年来诞生的第一个世界家电冠军品牌。

作为一个年轻的冰箱品牌，海尔冰箱能够在与世界百年企业的同台竞技中取胜，特别是在当时的经济衰退中，海尔冰箱的年销量却实现了逆势增长20%，给中国工业带来了信心。

2. 制定战略

2007年2月，同日本三洋集团的冰箱业务开展战略性合作后，海尔冰箱不仅拥有了日本三洋的一流研发队伍与制造工艺，同时也有了日本员工，从而使海尔冰箱能更好地了解日本消费者的需求，开发出适销对路的产品。

海尔冰箱在日本为自己设定了更高的目标，即打造适合日本的品质、开展适合日本的服务、提供适合日本的家电，与日本厂商展开角逐。

看到海尔冰箱在日本市场的发展，可以感觉到企业要发展不仅要有长远的发展战略和适合自身的营销策略，更重要的是要有消费者喜欢的产品和一切为了消费者的卓越追求。

3. 生产基地

海尔制冷产品系统生产基地位于青岛经济技术开发区海尔工业园内，是海尔集团的骨干企业，并带动了中国冰箱、冷柜行业的发展。经过33年的发展，海尔冰箱已在国内设有7个生产事业部：冰箱中一事业部、冰箱中二事业部、特种冰箱事业部、海外冰箱事业部、大连海尔冰箱、贵州海尔冰箱以及冷柜事业部。近几年，随着海尔国际化步伐的不断迈进，海尔冰箱还在美国、意大利、巴基斯坦、突尼斯等13个国家建立了海外工厂，实现了本土化设计、生产和销售。

洗衣机

海尔是世界白色家电第一品牌，多年来一直在世界家电市场占有率和知名度方面位居前列，世界闻名。目前，海尔滚筒洗衣机款式齐全、功能先进，不仅外观好看，而且多款型号都具备智能功能，不仅可以通过控制面板操作，还可以通过手机控制，方便快捷。海尔滚筒洗衣机安静平稳，最大限度地降低洗衣机运行的噪声，成为高端用户购买滚筒洗衣机的首选，可以说，海尔滚筒洗衣机是当之无愧的洗衣机魁首。

海尔洗衣机页面截图

相关链接》》

1188名用户在自家洗衣机上竖硬币为海尔证言

2016年11月29日，海尔洗衣机新浪官方微博发起海尔洗衣机竖硬币大赛，号召网友挑战用硬币搭造有难度、有创意的造型，激起了广大网友争做“力学哥”的兴趣，参与人数不断攀升。自海尔洗衣机竖硬币大赛开始以后，截至2016年12月2日已有1188名用户参与挑战。从最初海尔在运行的洗衣机上演示竖硬币，到现在用户在自家洗衣机上体验竖硬币，越来越多的用户用竖硬币为海尔洗衣机的安静平稳证言。

网友在海尔洗衣机上竖硬币

进入12月，在各大视频平台和线下，随处可见在运行的海尔洗衣机上竖硬币的活动。随着竖立硬币的数量越来越多，花样从竖立叠放4枚硬币发展到“力学哥”搭建的“凯旋门”造型，用户参与热情也不断高涨。在这次海尔洗衣机竖硬币大赛中，有用户竖起了302枚硬币。“海尔洗衣机真的很棒，很静音，证明了我们的选择没有错。”用户这样评论说。可见不断刷新竖硬币纪录的同时，海尔洗衣机的安静平稳优势也深入人心。

实际上，全民参与海尔洗衣机竖硬币大赛的火爆现象，不仅折射出近年来用户消费水平的升级，对更安静平稳洗衣机产品的需求，同时也显示出用户对海尔洗衣机洞察用户痛点，通过颠覆式技术创新满足用户需求的肯定。

海尔洗衣机在本次大赛中所展现出的领先行业的平稳安静的性能源于用户需求。通过大数据分析，海尔洗衣机研发人员发现，近2年用户对洗衣机噪声抱怨颇多，占用户投诉的比例已超过55%。把握这一用户体验痛点后，海尔在全球资源开放平台中精准匹配世界级研发资源，组建专业研发团队，为用户提供最佳解决方案。最终，海尔与新西兰国宝级品牌斐雪派克联合研发FPA直驱电机，这款电机的厚度比普通电机减少17%。同时在静音方面，海尔紫水晶洗衣机从跑车减震系统中获取灵感，创新6点平衡减震科技。洗衣机底脚也采用减震材料，确保机器运转时的减震效果，实现极致用户洗护体验。

海尔空调

海尔空调成立于1985年，历经32年发展，已成为中国空调行业的引领者。2013年6月，世界影响力组织发布的全球家电市场调查研究指数将海尔空调列入世界名牌行列，海尔空调成为国内唯一被该组织认定为世界名牌产品的空调品牌。

1. 创新

自创立品牌起，海尔空调陆续开创了多个行业第一，奠定了中国空调行业发展的路线图：1985年，诞生中国首台分体式空调；1993年，出厂中国首台变频空调；1996年，国内首台一拖多空调研发成功；1999年，推出行业首台无氟变频空调；2001年，致力于提升节能技术，推出首台直流变频一拖多空调。2010年，海尔空调把握互联网大势推出了全球首台物联网空调，实现了国内首创到引领全球的转变；紧接着，国际领先宽带无氟变频技术诞生，除甲醛、除PM2.5空调进入人们视野，海尔引领空调行业实现了从温度调节到空气质量调节的颠覆升级。

2. 专业

海尔空调拥有专业的中央研究院，下设46个专业实验室，包括世界领先水平的环境模拟实验室、噪声实验室、EMC实验室等。在全世界范围内，拥有分布于欧洲、日本、美国、澳大利亚和新西兰的五大研发中心。全球领先的技术资源为海尔空调的技术领先提供了可靠保障，对空调行业的技术发展做出了重要的贡献。

海尔空调有着强大的生产与研发实力。海尔空调在全球范围内拥有17个生产基地，拥有快速满足消费者需求的能力。其中，国内9个制造基地分布在：青岛、大连、合肥、武汉、重庆、胶州、黄岛、上海、郑州；国外8个制造基地分布在：巴基斯坦、泰国、突尼斯、约旦、孟加拉、尼日利亚、阿尔及利亚、委内瑞拉。全球17个生产基地，年产能超2000万套，可迅速满足全世界范围内的订单需求，确保在任何时间都不断货、不脱销。

3. 全球化

作为最早开拓海外市场的空调品牌，海尔在同行业中首个获得海外节能认证，并凭借领先的节能产品赢得了全球市场的认可。在2000年、2004年海尔空调分别得到了美国EPA（环保署）“能耗之星”、欧盟EUROVENT最高A级“节能之星”认证。

海尔不仅主导定制了北美移动空调标准，并且顺应互联网时代的碎片化需求，优化全球用户产品选购体验：用户进入官网输入对空调的性能需求后，智能选择工具会自动筛选出合适的产品型号，并提供最近购买渠道。目前，这一创新手段在美国、意大利实施，并在意大利获得“ 2013互动大奖”颁发的年度产品互动及服务最佳网站奖。

海尔空调通过不断创新影响着空调行业的发展趋势，其引发的产品创新和理念革新正影响着全球越来越多的消费者。

相关链接》》

海尔智能空调依托400亿+大数据上线APP自清洁提醒

2016年12月初，海尔依托智能大数据在行业内首个推出APP自清洁智能提醒功能。最新版本的海尔“好空气”APP可向用户智能发送空调自清洁提醒，并可一键开启自清洁，为海尔智能空调用户带来更便捷的体验。据了解，海尔“好空气”APP的创新迭代是依托400亿+智能大数据准确定位用户需求，发现用户清洁使用习惯规律的又一次落地尝试。

海尔空调建立的大数据开放平台，为产品迭代及智能空调场景的丰富提供了精准的数据支持。此次自清洁智能提醒功能的上线，就是依托海尔智能大数据平台，围绕用户使用习惯进行的创新迭代。通过智能大数据分析，海尔研发人员发现，空调的健康功能最受用户青睐。尤其是在雾霾盛行的冬季，空调自清洁功能的使用更加频繁。此次的自清洁智能提醒功能上线后，可以更好地与用户交互，通过智能手段为用户服务。

“好空气”APP已成为目前行业中智能功能最全面的手机应用。在用户端，“好空气”APP是管理家中空调的好帮手；在大数据平台，“好空气”APP是用户使用行为数据以及交互的通道。在海尔空调大数据的支持下，“好空气”APP能够为用户提供更加智能的空气体验，用户可获得智能用电提醒、空调能耗记录、睡眠曲线等个性化私人专属服务。在区域智能节能方面，海尔智能大数据也已实现多次落地，例如今年10月，海尔空调继与国家电网江苏电力跨界合作建立“互联网+智慧用电”模式之后，又在广东试点了智慧节能行动，通过大数据的云端对智能空调实时监测、实时调节，使首批上线的市民家庭日均节电累计达136度达到舒适和节能双赢。

海尔智能大数据的应用对实现产品的协同规划、预测以及售后智能服务有着重要指导作用。此前，依托海尔U-HOME云平台开发出安装、绑定、故障、功能使用、空气质量等五张全国空调大数据地图，在分析用户使用习惯，精准定位用户需求方面发挥了重要作用。

随着智能空调市场占有率的逐年提升，空调产品的智能迭代将成为用户需求升级的主要方向。海尔以大数据平台为支撑的智能迭代方向，为空调行业带来了新的发展思路。依托智能空调数据实现用户利益最大化，海尔此举将成为行业智能升级的风向标。

电视

1997年，海尔集团正式进入电视行业。作为国内知名彩电企业之一，海尔彩电在行业内连续10年获得用户满意度第一，连续5年获得自主品牌出口第一。

海尔彩电以用户需求为导向，借助海尔集团U+交互平台及创客平台的优势，通过不断与用户交互，开发出符合用户需求、能体现用户价值的有竞争力的产品，先后推出了MOOKA电视、海尔阿里电视等典型产品系列。

在海尔集团网络化战略的大背景下，海尔彩电精心打造推出了一款专属于互联网的定制品牌——MOOKA，海尔电视开始线上线下双品牌战略。

海尔官方网站电视专区截图

相关链接 》》

海尔发布U+智慧生活APP 推智能生态圈场景控制

2015年3月10日，海尔在上海发布U+智慧生活APP，这是海尔集团在U+智慧生活平台宣布上线1年后正式推出的集中入口，是海尔创客创业平台研发出的智能硬件和软件的控制中心。至此，海尔已经实现了空气、美食、洗护、用水、安全、娱乐、健康七大智慧生态圈的搭建。

目前，海尔U+智慧生活平台已经与Homekit、百度、阿里、京东等一系列智能家居接口实现对接，通过开放的方式将智能硬件制造商、软件开发商、内容提供商和用户纳入其中，所有接入者都可以为用户提供不同的智慧生活解决方案。

相比其他智能家居平台，U+智慧生活平台是跨品牌的，3M、霍尼韦尔、松下、东芝、三星、爱奇艺、华为、新浪天气、新浪健康、春雨医生、远洋地产、恒大地产等都已经介入这一平台。

现阶段，涉及智能家居硬件的APP已经大量出现，此次海尔推出的U+智慧生活APP将为这些不同的APP搭建共享架构，并提出手机并不是智能家居的唯一入口，也不是控制智能家居的最佳解决方案，U+智慧生活APP未来将通过场景控制的方式实现智能家居的联动控制，提出主动管理智能设备的理念。

未来通过手机远程打开家中空调并不是U+智慧生活APP的控制方式，U+智慧生活APP想做到的是，当家中温度计感知到室内温度低于用户喜欢的值时，空调会自动打开调节室温。这一系列动作都是自动完成的，并不需要用户控制。并且，这些动作是可以跨硬件品牌完成的，让平台发挥最大功效。

海尔U+智慧生活APP分为对话、服务、智能、发现四个板块，包括了人机互动、健康咨询和安装维修在线服务、智能家居控制、跨品牌电商平台等功能。在对话板块中有一个亮点，这个板块与微软实现合作，微软小冰成为人工智能助手，与使用者进行互动，实现更为便捷的智能家居控制方式。通过微软小冰积累的语库和U+智能生活APP控制系统实现场景控制，由微软小冰实现对智能家居设备的控制。

海尔集团轮值主席梁海山表示，海尔已经将1.2亿个用户资源全部放在U+平台上，这预示着海尔从产品硬件生产向软件全流程、可视化定制的工业4.0转型。

在工业4.0环境下，U+用户可以直接对接海尔互联工厂，实现个性化需求下单，制造系统将用户需求信息提供给所有供应商，最终实现自动排产，满足用户的个性化需求。

……………………………………………………………………

第二节　商用产品

中央空调

海尔中央空调是海尔集团的支柱企业之一，是如今国内规格最全、品种最多、技术水平最高的商用及家庭中央空调生产品牌。海尔中央空调已销往全球100多个国家和地区，年销售额为几十亿元。凭借着雄厚的科研开发实力、强大的市场营销能力、卓越的产品性能，海尔中央空调已发展成国内最知名的中央空调品牌。

海尔中央空调主要包含三种：家用中央空调、商用中央空调、磁悬浮中央空调。

海尔中央空调支持个性定制，定制流程如以下四张图片所示。

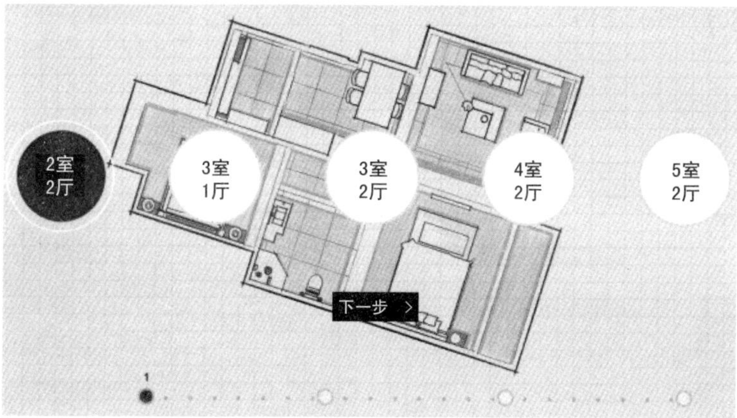

选择户型

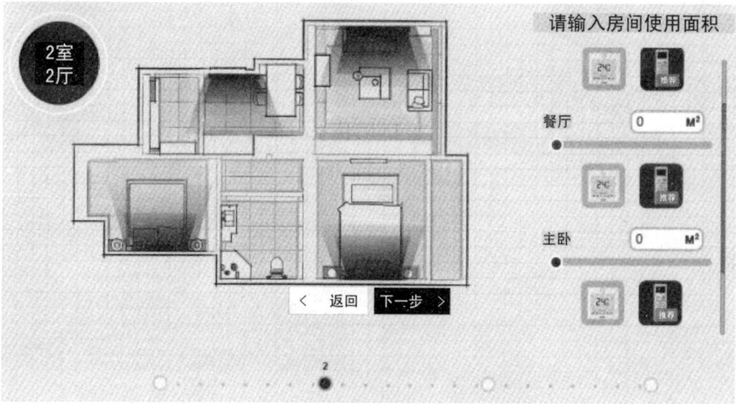

确定房间使用面积

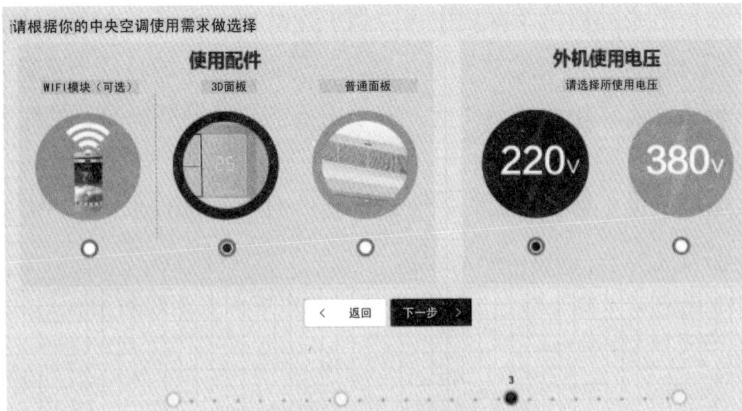

对中央空调的要求

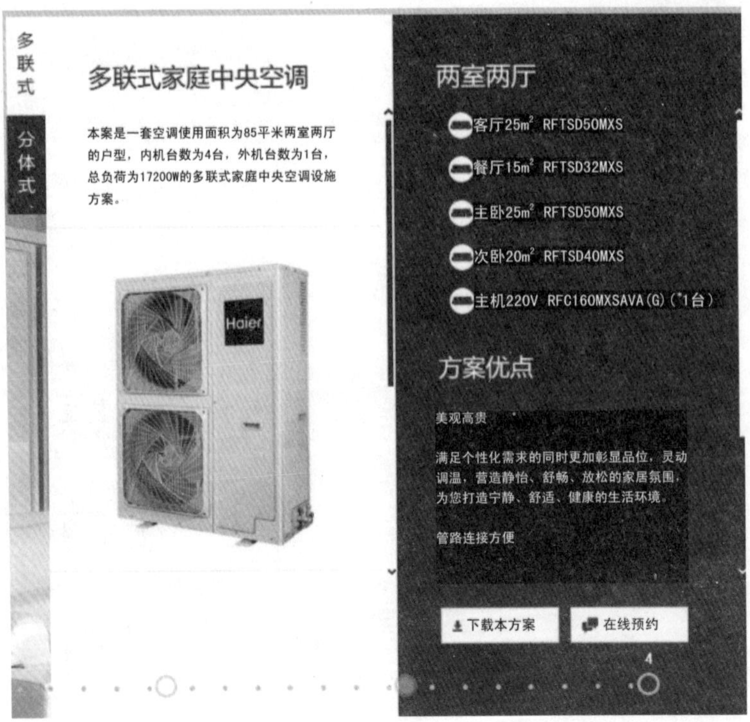

生成方案

相关链接 》》

海尔中央空调新时代 发力商业地产实现弯道超车

海尔本身有很多产品可以满足住宅地产的需求，但在当前的形势下，海尔中央空调希望能够通过在商业地产上发力实现弯道超车。

建筑行业从来都是能耗大户，而在中国能源总消耗中，暖通空调系统能耗占了建筑总能耗的40%～50%。

随着环保意识的普及，建筑行业中对于绿色节能的呼唤越来越强烈，这无形中也给传统中央空调的技术升级换代提出了新要求。

海尔中央空调抓住这一行业背景，推进以节能50%的磁悬浮中央空调为核心的智慧节能空气解决方案，逐渐取代螺杆机等传统中央空调机组，引领行业进入磁悬浮中央空调时代。

“传统的中央空调是普通的离心式空调，它的轴承需要润滑油，会带来很多问题：一是故障增加；二是维护费用增加；三是能效会下降。如果用油系统不清洁、不维保的话，3～5年之后（轴承）就衰减到百分之六七十了。”在2016年观点商业年会现场接受观点地产新媒体采访时，海尔中央空调大客户总经理豆红生如是解释。

海尔推出的磁悬浮中央空调克服了上述痛点，不但解决了噪声、能效、换热等问题，同时大大降低了维保费用，并延长了使用寿命。

“磁悬浮代替现有的离心机和螺杆机是中央空调的主流趋势。”豆红生信心十足地说。

中央空调新时代

海尔磁悬浮中央空调因为无油运转、无摩擦，节能性要比传统机组高50%，使用寿命更是传统机组的2倍。

在酒店、医院、写字楼、大型商业中心、轨道交通、文体中心、工业生产、数据中心等场所，海尔磁悬浮中央空调都堪称是中央空调最佳解决方案。

豆红生介绍称，海尔磁悬浮中央空调所能覆盖的范围包括100～2200冷吨，目前八成以上的市场海尔都可以做。作为国内首个“吃螃蟹的人”，海尔能够达到今天的技术成熟程度也绝非一蹴而就的。

“10年前，中国内地企业中只有我们一家在做，一共有两家企业在卖。从2006年到2012年，我们做了20个项目，过程非常艰难。首先，市场上产品很少，招标招不起来，规模没做起来，导致成本很高。同时也没有成熟的模式和资金支持，这些因素都阻碍了产品的发展。”

“但从2012年开始，很多品牌都做上来了，因为我们持续在做营销、宣传和沟通活动，大家觉得确实做得不错，都看到商机了。”

目前海尔已经推出了行业最大的2210冷吨全降膜式磁悬浮中央空调，制冷面积达到8万平方米。豆红生向观点地产新媒体指出，自2006年诞生到现在，海尔磁悬浮中央空调保持着国内市场81%的市场份额、打造了超过300个样板工程，并且是中国唯一出口海外的品牌，业务覆盖四大洲。

磁悬浮中央空调的技术门槛不算很高，但要真正把它做大却不是一件容易的事情。“磁悬浮技术大家都可以做，可以自行研发，也可以引进，但做出来的产品能否经受住市场的考验就需要打一个问号”。

海尔能够驾轻就熟的原因就在于10年来积累下的经验，用豆红生的话来说就是：“我比他们更成熟，人无我有、人有我优、人优我精。”

豆红生称，海尔的核心竞争力不是产品，而是整体的方案，仅仅靠一个产品来做好品牌是不可能的，因为技术总是在进步。磁悬浮仅仅是一个主机，对中央空调来说还有其他的附属设备，中央空调主机能耗占67%，还有33%是附属设备的能耗，这些附属设备的节能目标都需要通过整体系统来实现。

发力商业地产

作为房地产配套链条上的重要一环，以家电为主营业务的海尔与房地产结缘很早。

过去，商业地产项目使用的中央空调都是国外品牌，民族品牌很难进入到这个领域，而且在空调行业内人们非常膜拜进口品牌。

“其实，一个国内品牌要与进口品牌竞争的话，我们心理上还是有一些障碍的。虽然我们已经收购了很多国外品牌，比如GE家电、三洋以及斐雪派克，但是国内民众还是认为国外品牌更好。实际上，海尔已经成为国际名牌，我们在国外也是本土品牌。”

豆红生称，海尔中央空调鸣响发力商业地产的发令枪就是要冲击进口品牌，“要通过磁悬浮中央空调来实现全面超越，实现弯道超车”。

这些年，海尔中央空调已经跟世茂集团、今典集团、招商地产、万科、绿城等开发商建立了合作。豆红生直言，海尔中央空调的团队在挑选合作开发商时有两个要求。

“第一，必须是典型开发商，就是规模和品牌在行业内有比较大的影响力的开发商，比如万达、万科、恒隆，它们对商业地产的业务影响很大，规模也是行业中屈指可数的。而且我们喜欢先难后易，先做比较难的，后面就势如破竹了；第二，必须跟公司老板而不是下面的员工沟通，因为老板最关心的是能够省下多少钱。”

在豆红生看来，通过磁悬浮中央空调来实现海尔在商业地产领域的弯道超车其实也是有心理基础的。

过去人们都认为，商业地产代表“高大上”的地段、装饰和品牌，因此必须配上“高大上”的进口品牌。“我认为目前更‘高大上’的产品就是磁悬浮中央空调，不论是海尔生产的磁悬浮中央空调还是进口品牌生产的磁悬浮中央空调，磁悬浮中央空调技术就是目前最好的技术，也是中央空调的发展趋势。所以海尔要抢占这个先机，在对手没有做出产品之前先切进来，让它们看到国产品牌是怎么做的，国产品牌是怎么尽国家节能减排的义务的，是怎么带动行业尽节能减排义务的。”豆红生如是强调。

商用冷柜

海尔商用冷柜主要包括：便利店冷柜、冰淇淋打球柜、保鲜柜、冷冻柜、冷藏柜等。

海尔官网商用冷柜页面截图

1. 全新升级

为助力商用冷链商业生态联盟更好更快发展，海尔商用冷柜在技术层面全新升级，不断革新制造体系。海尔商用冷柜推出全新升级的SD系列产品，并从压机、风机、整体排水系统、有效储存面积等八大方面，为辨识和选购商用冷柜的消费者提供了一个明确的指导和讲解。

海尔商用冷柜始终秉承“专业、智慧、绿色、引领”的理念，以先进科技保证精准控温，成为冷链行业领导者，为商用冷链行业的发展提供科学指导。海尔商用冷柜不仅颠覆了传统技术，还积极做着智慧转型，其创新研发的“掌上阅冰”“冻饮商城”“贝客平台”三大智能模块，能有效防止资源浪费、提升资源的优化配置，向联盟合伙人提供从解决痛点到使用营销平台，再到主动营销的创新转型体验，也将在日渐成熟中逐步革新商用冷链的智能发展之路。

2. 全新服务

海尔的服务在家电市场的表现一向优异，其在商用冷柜领域的服务同样出色。技术升级后，基于海尔交互平台，凭借其出色的技术支持，有效地解决了用户在食品安全、保鲜等方面的痛点。

海尔商用冷柜带动了从产品到服务的全面升级，建设完善的生态圈服务系统，海尔商用冷柜表示未来将不断创新，不断进步，以最大的努力为联盟中的每一位合伙人都提供最优质的用户体验。

相关链接

海尔商用冷柜成为国家奶业科技创新联盟首批理事

2016年11月19日，国家奶业科技创新联盟成立会议在北京成功召开，会议上，中国农业科学院北京畜牧兽医研究所主任王加启对国家奶业科技创新联盟的筹备情况及近期推进工作进行了汇报总结。包括海尔商用冷柜在内的多家致力于研究奶业科技的企事业单位加入联盟，海尔商用冷柜成为首批理事单位。联盟成员通过面对面的交流探讨，明确了国家奶业科技创新联盟的宗旨与理念——实现民族奶业振兴。

我国奶业发展虽然取得了辉煌成就，但是当前也面临着巨大困难。2016年9月23日，海尔商用冷柜结合自身多年来对低温品冷链的研究经验，整理提出了《低温乳品冷柜》标准，中国标准化协会召开了《低温乳品冷柜》审查会。经过对行业的考察研究，中国标准化协会审议通过了《低温乳品冷柜》这一标准，该标准的通过与实施将实现低温乳品冷链行业的规范化。近年来，为了振兴民族奶业，国家对乳品品质的要求越来越高，把关越来越严苛。发展优质乳产品、实施优质乳工程，已经成为实现我国奶业振兴的根本途径。为此，中国农业科学院在国家农业科技创新联盟框架下成立了国家奶业科技创新联盟，国家奶业科技创新联盟以全面振兴民族奶业为己任，坚决贯彻实践“创新、协调、绿色、开放、共享”的发展理念。海尔商用冷柜凭借在低温冷链科技方面的卓越成绩，成为国家奶业科技创新联盟首批理事单位，为国家奶业科技创新联盟提供全球顶尖的技术支持。

强者联盟整合行业资源，民族奶业前景无限

会议指出我国奶业当前主要面临消费信心不振、利益分配失衡、进口压力增大等根源性难题，发展优质乳产品、实施优质乳工程，已经成为实现我国奶业振兴的根本途径，也是现代农业发展的重要组成部分。优质乳工程能从根本上提振消费信心，国家对此高度重视，相关企业也积极开展优质乳工程。会议上公布了国家奶业科技创新联盟理事单位以及创始成员单位，国家奶业科技创新联盟理事单位包括中国农业科学院北京畜牧兽医研究所、中国农业科学院草原研究所等相关专业单位和青岛海尔特种电冰柜等优秀企业。真正实现强者联合，整合资源，推动行业跨越升级。国家奶业科技创新联盟理事单位对民族奶业的发展充满信心。

海尔商用冷柜的放心奶柜以先进科技保证精准控温

乳品保质期相对较短，极易变质，储存环境至关重要。当前我国乳制品行业快速蓬勃发展，对于冷链的流程质量及技术水平要求越来越高。海尔商用冷柜以不断创新的科技、敏锐的洞察力、成熟的工艺和智能化的系统，成为实力强大的行业先锋。为保证低温乳品处于最适宜的2～6摄氏度的储藏温度，海尔商用冷柜深入研发推出了放心奶柜，该产品具有专业系统设计和数字温控系统，真正实现了精准控温在2～6摄氏度，解决了柜内温度不均和温差大的问题，同时保证了低温奶的口感新鲜和营养不流失。另外，放心奶柜采用的Sanitized（R）抑菌技术能够为冷柜内胆提供持久可靠的防护，抑制细菌滋生繁殖，从而减少了由于细菌生长而导致的污渍和异味，为乳品的安全环境提供保障。海尔商用冷柜的放心奶柜坚持以用户为中心，对每一个环节精益求精，竭力保障消费者喝到放心健康的乳品，促进国民身体素质的提升。

海尔提出的《低温乳品冷柜》标准

海尔商用冷柜相关负责人表示，未来将在低温乳品科技的研发上继续钻研，始终把消费者放在最为优先的地位，研究开发满足优质奶储存需求的冷柜产品及技术标准，和国家奶业科技创新联盟一起为提高乳制品安全与品质共同努力，推进优质乳行业科技迈向新阶段，让消费者喝上健康奶、放心奶、优质奶，增强消费者对我国奶业的信心，振兴民族奶业发展。相信未来国家奶业科技创新联盟成员单位将强强联合，携手前行，共创民族奶业新篇章。

海尔生物医疗

2013年4月17日，第69届中国国际医疗器械（春季）博览会在深圳举办，海尔生物医疗以全新的“生命科学平台服务商”的战略定位亮相，以冷链设备、实验室设备为核心，辐射到生物样本库、静脉药物配置中心、社区及家庭健康服务等多个领域，为用户提供一站式的整体解决方案，得到医疗科研行业专家和用户的肯定和青睐。

1. 打破国外垄断

2006年，依托海尔集团低温制冷核心技术实力，海尔生物医疗以刘占杰博士为牵头人，成立超低温技术团队，自主创新研发，制造出中国领先的零下86摄氏度超低温冰箱，完全打破了国外品牌长达30年的技术垄断；截至2011年，海尔生物医疗在我国建成了中华骨髓库、国家基因库、中国疾控病毒库等一大批享誉全球的超低温冰箱样板工程。

海尔生物医疗带领中国低温冷链行业走出了一条从完全依赖进口到自主创新，再到以自主品牌出口的创品牌发展之路。

超低温冰箱核心技术的突破和产业化，为海尔生物医疗进入医疗科研行业奠定了坚实基础。

2. BIMS

2013年3月，在美国专家的指导下，海尔生物医疗率先提出BIMS 概念，即生物样本库信息管理方案（Biobank Information Management Solution）。海尔生物医疗力图从BIMS整体方案、BIMS信息化、BIMS核心产品三方面引领生物医疗技术的发展：BIMS整体方案从整体性、适应性和标准化方面引领技术发展；BIMS信息化体现了样本生命周期管理、开放平台、安全系统和多平台性等特点；BIMS核心产品通过持续打破国外垄断，以更大装载量、触摸屏、智慧型超低温冰箱DW-86L959为代表的超低温冰箱家族实现引领技术发展。

BIMS的提出和实践，将为生物样本库解决方案应用于医疗科研提供信息服务平台和标准化建设的指导，并加快其普及和应用。

从超低温冰箱过渡到生物样本库，海尔生物医疗在实现产业升级的道路上迈出了决定性的一步。

相关链接》》

海尔生物医疗、中国航天携手十年，再载神十一，与中国航天梦想共腾飞

继2016年9月15日“天宫二号”成功发射之后，2016年10月17日，全球瞩目的“神舟十一号”飞船（以下简称“神十一”）在酒泉卫星发射中心成功飞天，实现与“天宫二号”的交会对接，这是我国首次模拟未来空间站的交会对接方式，同时也是我国首次突破30天在轨驻留，迄今为止时间最长的一次载人飞行。

此次飞行，“神十一”继“神舟八号”“神舟九号”“神舟十号”之后，再次搭载海尔航天冰箱，为中国航天提供30～40万米高度、全程冷链安全解决方案，助力空间科研和空间探索。

值得关注的，与以往不同，这是一次关于新阶段、新使命、新征程的“旅行”。

中国航天事业新阶段：中国航天工程“三步走”战略走完两步，即将建造空间站

航天工程“三步走”战略

整整60年风雨兼程，中国航天从无到有、从小到大，在挑战中实现跨越、在艰辛中铸就辉煌，一步步推进航天“三步走”战略。

（1）已经完成了第一步“发射载人飞船”，建成相关配套工程并开展空间应用实验。

（2）正经历第二步“发射空间实验室”，解决有一定规模的短期有人照料的空间应用问题。

（3）即将迈向第三步“建造空间站”，解决有较大规模的长期有人照料的空间应用问题。

而“天宫二号”，就是第二步中的第二个阶段，它对于未来我国建造空间站具有承上启下的作用，引领中国航天事业发展开启新的阶段。

此次“神十一”与“天宫二号”交会对接，重点开展航天医学等8个领域的应用和实验，是为了突破和掌握再生式生命保障等空间站关键技术，为我国后续的空间站建造和运营奠定基础、积累经验。

如此推进，距离中国建造自己的空间站，已经不远了。

海尔生物医疗、中国航天合作的新使命：从单一的科研冰箱，扩展到整体太空科研生活方案

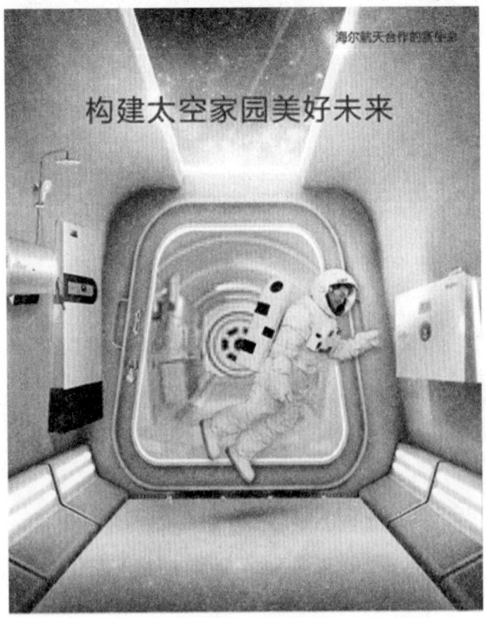

海尔航天合作

自航天冰箱三登“神舟”之后，此次搭载，因为任务飞行时间长、参与的空间实验多，对航天冰箱的功能及可靠性、稳定性又提出新的更高要求。

（1）更强的可靠性：航天冰箱在交付前的可靠性验证测试时间较之前的产品增加了一倍。

（2）空间更优化：针对更多的物品储存需要，对内部空间进行了优化。

（3）防飘定位更稳定：结合实验需要，设计了针对不同类型的样本、试剂的防飘定位结构。

因此，伴随着载人航天项目的推进，航天冰箱也在不断升级迭代。

自2012年海尔集团与中国航天员科研训练中心达成战略合作以来，海尔航天冰箱已作为神舟飞船的标准配置，为空间医学、生命科学研究提供实验样本、试剂的低温储存支持。而这只是海尔生物医疗与中国航天合作的第一步，随着航天事业迈入全新阶段，海尔生物医疗与中国航天的合作也将怀揣新使命。

下一步，将由目前小容积的冷藏用科研冰箱向大容积、深低温制冷设备发展；由单台科研冰箱向建立空间站生物样本库发展；由空间科研到空间生活解决方案发展，其中包括食品冰箱、空间沐浴系统等，逐步构建海尔太空之家，成就人类太空家园的美好未来。

承担航天冰箱研制任务的海尔生物医疗，前身是海尔集团低温制冷研究所。2006年，其打破国外技术垄断，推出中国首台超低温冰箱；完成中华骨髓库100台超低温冰箱示范工程。2010年，以超低温冰箱为核心，扩展到样本处理、样本储存、信息化管理、样本应用等生物样本库的解决方案，相继建成国家基因库、中国蛋白质库、儿科样本库、内分泌样本库等科研基础平台。2013年，超低温冰箱获得国家科技进步二等奖，这也是中国低温制冷行业迄今为止获得的唯一的国家科技进步奖。

在新的起点，海尔生物医疗正以超低温冰箱切入中国航天事业，通过生物样本库所带动的高端医疗科研用户群，进入深冷储存、自动化储存、基因检测与诊断、细胞治疗、样本大数据应用等生命科学及转化医学的上下游产业链，支持中国民族生物医疗产业发展。

过去十年，是我国自主研制航天冰箱装备的十年，也是海尔生物医疗从无到有、从有到强的十年。十年自主创新之路，有来自国家科技创新战略的支持，还离不开海尔奠基者殷切的期望。此时此刻，海尔生物医疗人无比振奋，将在新起点，怀揣新使命，开启新征程。

中国航天事业飞速发展，中国人探索太空的脚步更大、更快，海尔生物医疗将继续探索、创新，为中国航天事业奉献力量；执着坚守，使中国生命科学领域迎来自主创新的明天。

……………………………………………………………………………………

智能家居

海尔智能家居是海尔集团在信息化时代推出的一个重要业务单元。它以U-home系统为平台，采用有线与无线网络相结合的方式，把所有设备通过信息传感设备与网络连接，从而实现了“家庭小网”“社区中网”“世界大网”的物物互联，并通过物联网实现了3C产品、智能家居系统、安防系统等的智能化识别、管理以及数字媒体信息的共享。海尔智能家居使用户在世界的任何角落、任何时间，均可通过打电话、发短信、上网等方式与家中的电器设备互动。

海尔U-home页面截图

海尔智能家居主要包含四个方面的内容。

1. 家居布线系统

家庭智能化的实现，第一步就要进行家居布线的基础设施建设，家居布线系统把电话、有线电视、电脑网络、影音系统、家庭自动化控制系统的布线统一规划、布局、集中管理，为实现家居智能化提供网络平台，可以实现多台电脑联网，共享宽带服务，多路电话任意接听、转接。而且采用综合布线，使得家庭内部布线系统具有良好的扩展性和可升级性，能满足不同用户现在和未来的需求。

2. 家居安防系统

人们对于安防系统的要求越来越高，家居安防系统可以有效地利用技防手段来实现安全防范。家居安防系统包括防盗、防燃气泄漏、防火等功能，同时可进行远程监控，让住户可以远程通过网络或电话随时了解家庭内部情况，同时可监听或者监视家庭内部情况。

3. 家庭自动化系统

智能家居的主体是家庭自动化，将来家庭自动化的主体是家电、照明等电气设备的控制。家庭自动化系统能够通过集中式或者分布式控制家庭内部的照明或者家电，这是将来智能家居的主要发展方向。

4. 家庭体验系统

人们对生活体验的要求越来越高，对家庭内部影音系统、家庭内部环境、网络虚拟环境等的需求也越来越高，用在这方面的消费支出会越来越高，将来的家居智能化也会更多地满足人们的这类消费需求。

目前国内的各种智能化系统和产品虽然很多，但它们的系统相互独立、集成度比较低，家庭内部没有统一的平台。

海尔集团在介入智能家居领域以后，把重心放在了智能家居平台的研究上，重点研究各个家庭智能化系统的整合。

相关链接》》

海尔U+连续8年蝉联智能家居十大品牌第一名

2016年12月15日，由千家品牌实验室（Qianjia Brand Lab）主办的2016年中国智能建筑品牌检测和评选活动颁奖大会在广州隆重揭幕。历时一年，经过千家品牌检测、市场调查、用户反馈和专家评议后，现场大会主办方宣布，海尔获得象征智能家居产业最高荣耀的2016年十大智能家居品牌第一名，成为唯一连续8年蝉联智能家居行业最高奖项的品牌，以表彰海尔U+在过去一年中对开辟物联网时代智慧生活做出的积极贡献。

组织本届评比的千家品牌实验室诞生于2004年8月，是相当具有权威的国内领先专业品牌研究机构。海尔所获得的2016年十大智能家居品牌第一名，是千家品牌实验室面向智能家居行业颁发的最高奖项。海尔U+创造了全新的智能家居产业形态，成为智能家居走进千家万户的有力推动者，获得该大奖可谓实至名归。

2016年，站在行业大势角度看市场，以物联网、人工智能、云计算等新技术爆发为特征的工业革命正在席卷全球。从政府到产业联盟，大家都在积极布局推动产业结构优化改革，以顺应大势，抢占新经济产业环境下的行业制高点。在我国，立足智能家居产业，推动“制造+物联网”的全新工业模式升级，提高“中国制造”的国际竞争力，不仅是行业有识之士肩上的重任，更是政府高度关注的经济产业结构改革的突破口。近年来，我国政府先后提出《互联网+行动计划》《中国制造2025》《关于深化制造业与互联网融合发展的指导意见》等一系列政策，鼓励企业在智能家居等领域展开创新、创造。不过，智能家居产业作为一种全新的产业模式，迄今尚未形成统一标准和成熟可靠的商业模式，造成了行业发展的盲目、无序，不同企业之间发展水平参差不齐。

海尔作为率先转型的企业，深耕智能家居行业，取得了很多成果和突破。2014年，海尔开始布局智慧生活生态平台的建设，推出了全球首个全开放、全个性、全交互的U+智慧生活开放平台，通过开放的端口和协议，实现不同品牌的智慧产品和服务的互联互通。2015年，海尔推出覆盖全产业链的智慧生态圈，致力打造全新的智慧生活体验。2016年，海尔U+平台全新升级，推出智慧生活2.0战略，并正式发布U+智慧生活大脑，率先引领智能家居行业进入人工智能新时代。为进一步实现智慧家庭的落地，近期，海尔发布世界首个专为智慧家庭定制的操作系统——海尔UhomeOS。海尔UhomeOS的出现填补了行业的空白，其作为智慧家电入户的铺垫，具有自适应、自学习、自修复，自演进的特点，成功跨越多个场景，实现移动应用、云平台、硬件产品的无缝互联互通，创新引领安心、安全、卓越的智慧生活。

同样，在2016年，海尔U+也继续通过创客大赛、海极网等渠道，吸收创客、创投资本、孵化器、第三方硬件与服务共同加入U+平台，响应政府政策的号召，消除行业内壁垒，共创共赢。在国际舞台，海尔成功确立了自身在Wi-Fi联盟HE MTG工作组、OCF（Open Connectivity Foundation）物联网行业标准化组织与AllSeen Alliance国际家庭设备互联标准联盟合并后成立的新OCF等国际顶级物联网和智能家居产业联盟中的话语权，积极推动海尔物联网标准成为全球标准。

正如海尔家电产业集团CTO、副总裁赵峰所说，智慧家庭经过前期的技术积累、商业实践和市场培育，已经被越来越多的用户所了解和关注，或将迎来一个新的起点。未来，随着人工智能技术的成熟以及物联网传感技术的进步，将进一步促使智能硬件加速转型，进入规模应用阶段。海尔此刻的发力，可谓点睛的一笔。

千家品牌实验室年度奖项评委认为，海尔2016年在完善用户体验、优化商业模式、合纵连横打造产业联盟等领域做出的卓著成果，无疑加速了智慧家庭产业部署的速度，是名副其实的智慧家庭产业发展的先行者。评委同时也希望，更多企业能够摒弃门户之见，加速行业的资源整合与竞争力培育，在新的一年里，开启智慧家庭生活的无限可能。

第四章 海尔的品牌

导言：

海尔是我国企业中最重视品牌、实施品牌战略最有成效的企业。从一开始的单一品牌，到现在的品牌多元化，海尔一直在完善品牌体系和品牌管理制度。

第一节 海尔

主品牌

海尔品牌，是海尔集团家电的主品牌。品牌定位绿色理念，主要生产海尔公司旗下有关绿色环保概念的家电产品。

品牌信仰

1. 创新

海尔秉承锐意进取的海尔文化，不拘泥于现有的家电行业的产品与服务形式，在工作中不断求新求变，积极拓展新的领域，开辟现代生活解决方案的新思路、新技术、新产品、新服务，引领现代生活方式的新潮流，以创新独到的方式全面优化生活和环境质量。

2. 可持续发展

海尔将秉持一贯的社会责任意识，在创意、制造、服务、物流、回收等环节坚持践行绿色理念，积极引领消费者、 合作伙伴乃至各行各业共同承担对环境的保护与关爱， 为社会的长久发展奠定良好基础。

3. 客户至上

海尔深刻洞察人们对现代生活的需求：优质生活和优质生活环境。所有的海尔人和海尔的合作伙伴都以真诚的态度，在研发、采购、生产、物流、服务等每一个细节中倾力而为，发挥全部潜力和创造力，尽力满足客户的需求， 实现以客户为中心的创新。

4. 缜密的解决方案

海尔不仅充分理解消费者的生活需要，而且深入考虑产品对环境的综合影响。海尔积极拓展与家居生活相关的业务领域，对各产品、服务、居家环境、网络等进行全面整合，为消费者量身定做系统化的现代生活解决方案，创造更丰富的生活体验和更优质的生活环境。

第二节　卡萨帝

卡萨帝是海尔集团高端家电品牌，品牌定位为“创艺家电，格调生活”。

Casarte 卡萨帝

卡萨帝品牌LOGO

品牌含义

卡萨帝的英文名字Casarte的灵感源于意大利语，la casa意为家，arte意为艺术，两者结合变化后就是Casarte，意为家的艺术。

卡萨帝代表着优雅的艺术化外观，精益求精的工艺和钻石级品质，创新人性科技，并致力于提供一体化智慧艺术家居体验，引领家的艺术。

秉持“创艺家电，格调生活”的品牌理念，卡萨帝在“汲取精致生活的灵感，缔造永恒的艺术品质”的核心品牌设计理念下，每一件产品都诠释着家电生活艺术化的趋势，致力于为都市精英人群打造优雅精致的格调生活。

品牌介绍

卡萨帝在全球拥有14个设计中心、28个合作研发机构（如麻省理工学院等），有着由许多在业界享有盛名的设计师所带领，跨越多个国家（包括意大利、英国、德国、法国、美国、日本、中国等12个国家），拥有300多位设计师的团队。卡萨帝凝聚了全球设计和创新精华，先后获得了iF设计大奖、红点奖、PlusX 大奖等全球工业设计顶级奖项。

旗下产品

卡萨帝旗下已拥有冰箱、酒柜、空调、洗衣机、热水器、厨房电器（抽油烟机、灶具、消毒柜、烤箱、蒸炉、微波炉、洗碗机等）、生活小家电（咖啡机、面包机、榨汁机、搅拌机、柳橙机、暖杯碟机、电水煲等）、电视机以及整体橱柜等9个品类、39个系列、380多个型号的产品，目前已进入全球千万个家庭。

【拓展阅读】

卡萨帝大事记

2015年3月，卡萨帝灵珑传奇热水器以及卡萨帝云裳欧式洗衣机凭借创新的设计和出众的性能，获得2015年德国红点奖（Red Dot）。

2015年2月，卡萨帝博芬酒柜成功斩获2015年德国汉诺威工业论坛设计中心颁发的具有“设计界奥斯卡”之称的iF设计大奖（iF Design Award）。

2014年11月，由中国公关网发起的2014中国金旗奖颁奖盛典在北京举行，“‘一起跑 慢慢爱’卡萨帝3km家庭马拉松”项目荣获2014中国金旗奖最具公众影响力品牌传播大奖，这也是本届评奖中唯一获奖的高端家电品牌体育营销案例。

2014年9月，在柏林开幕的国际电子消费展览会上，举行了由中国家用电器研究院主办的第十届中国家用电器创新奖颁奖典礼。其中，卡萨帝朗度冰箱获得IFA展产品创新奖，充分体现了其对全球高端家电发展创新趋势的引领。

2014年7月，第三届中国国际消费电子Leader创新奖颁奖盛典在青岛国际会展中心举行，卡萨帝云裳欧式滚筒洗衣机从数百款产品中脱颖而出，获得年度中国国际消费电子Leader产品创新奖。

2013年12月，卡萨帝朗度冰箱荣获2013中国年度新锐榜——优化生活特别贡献奖。

2013年11月，卡萨帝冰吧荣获2013凤凰时尚之选——年度时尚品牌大奖。

2013年3月，卡萨帝有5款冰箱荣获2013年红点奖。

2013年1月，在由中国家电网举办的第四届红顶奖颁奖盛典上，卡萨帝博芬系列物联网双温区酒柜荣获红顶奖，成为酒柜类产品中唯一获此殊荣的产品 。

2012年7月，卡萨帝对开门BCD-628WACW冰箱和意式二代BCD-336WFL冰箱荣获2012年IDEA国际设计优秀奖（finalists awards）。

2012年6月，卡萨帝意式二代冰箱荣获PIN UP亚洲创意产业设计大奖（PIN UP Design Awards）。

2011年11月，Casarte-Ⅱ成套家电及卡萨帝复式高级滚筒洗衣机荣获2011年iF设计大奖。

2011年10月，卡萨帝社交电视荣获第六届“色彩中国”色彩应用奖。

2011年9月，德国柏林国际消费类电子IFA展上，卡萨帝云PAD荣获用户体验金奖；同时卡萨帝电热水器在IFA展进行的2011年度中国家用电器创新奖评选活动中，获得由中国家用电器研究院颁发的产品创新奖。

2011年3月，卡萨帝物联网三门冰箱及太阳能热水器荣获2011年红点奖。

2011年2月，卡萨帝铂晶系列家电荣获2011年iF设计大奖。

2011年1月，卡萨帝法式六门冰箱在第二届家电红顶奖颁奖盛宴上获奖，成为2010—2011年度唯一获此奖的冰箱产品。

2010年12月，由《数字商业时代》和中国社会科学院工业经济研究所共同主办的“智造·十年——寻找影响中国的商业新势力”2010年度大型论坛暨颁奖盛典活动在北京举行。会上，卡萨帝冰箱荣获十年新锐产品奖。

2010年5月，卡萨帝燃气灶荣获2010年获红点奖。

2009年9月，在德国2009年IFA展会上，卡萨帝法式对开门冰箱荣获2009年度最佳技术创新奖。

2009年5月，世界权威创意经济研究机构——ICEC（世界创意经济研究中心）公布了2008年度影响世界的十大创意产品名单，卡萨帝法式对开门冰箱成为唯一入选的冰箱产品。

2008年9月，卡萨帝意式三门冰箱荣获美国《商业周刊》（*Business Week*）与美国工业设计师协会（IDEA）共同评选的2008年工业设计优秀奖，这是本年度唯一获此奖的冰箱产品。

2008年6月，卡萨帝系列冰箱荣获Plus X Award大奖，Plus X Award是欧洲评选工艺技术、体育运动和生活时尚等行业创新产品的大赛，被视为全球范围内最能提升品牌影响力的大赛之一。

2008年5月，卡萨帝法式对开门冰箱成为家电行业唯一获得第24届美国金锤奖（Golden Hammer Award）的产品。

2008年3月，卡萨帝意式三门冰箱获得了2008年红点至尊奖。

2007年，卡萨帝洗衣机荣获德国iF设计大奖。

2006年卡萨帝首批产品的设计荣获了由中国创新设计红星奖委员会颁发的中国创新设计红星奖的最高荣誉——至尊金奖。

相关链接》》

美国郡长家入选卡萨帝最美家庭展厅

2016年12月，一份“卡萨帝世界级用户榜单”传遍全国各地，卡萨帝因用户遍及明星艺术家、精英人士、世界冠军乃至国际政要而备受瞩目。就在此时，美国传来消息称，美国大洛杉矶郡郡长麦克·安东诺维奇也成为卡萨帝冰箱的新用户，“卡萨帝世界级用户榜单”上再添海外官员。海内外高端用户的加入使卡萨帝高端社群生态再度升级，可以说，前沿性的社群思维已成为卡萨帝更新迭代的内在驱动力。

据悉，麦克·安东诺维奇自1980年至今，已为洛杉矶郡民众服务长达36年，深受当地民众和各社会团体的拥护和爱戴，堪称洛杉矶郡最资深的郡政委员。在洛杉矶郡郡长任内，安东诺维奇曾亲自率领团队访问亚洲，并为羚羊谷成功引进了飞速崛起的中国电动车及电池制造商公司，为亚裔社区和华人华侨群体的文化传承及权益保障付出了不懈努力。

安东诺维奇的斐然政绩，离不开家庭的支持。这位与中国渊源颇深的美国郡长，妻子是著名旅美电影家、知名华裔社会活动家胡惠玲女士，他们有一双儿女Mary和Michael，目前都在上中学。胡惠玲在20世纪90年代曾红极一时，1998年与安东诺维奇结婚后，便淡出演艺圈，专注经营家庭，力求为家人打造高品质的精致生活。不久前，安东诺维奇和妻子共同选购了卡萨帝鼎级云珍冰箱，这款冰箱具有的细胞级保鲜功能，让他们十分欣赏。据介绍，一般情况下，绿叶蔬菜放在普通冰箱里超过3天就会发蔫变黄，营养和水分大幅缩减，而鼎级云珍冰箱拥有全球独创的无油压缩机技术，能够把冰箱内温度的波动范围控制在±0.05℃，保护食材细胞不受损伤，存放7天的果蔬依然能够新鲜如初，胡女士可以为忙于事业、学业的家人轻松储存一周的水果蔬菜。此外，鼎级云珍冰箱搭载的干湿分离技术还能有效解决干湿失衡的用户痛点，安东诺维奇家中的珍贵食材、从中国带回的茶叶终于有了最专业的储存空间。

安东诺维奇不是第一位登上“卡萨帝世界级用户榜单”的海外高官。2016年10月25日，中国公共外交协会与外交部联合组织的中国宣讲团拉美行期间，中国公共外交协会副会长胡正跃向智利前总统弗雷成立的基金会赠送了卡萨帝双子云裳洗衣机，卡萨帝成为国礼，弗雷先生也因此成为卡萨帝的用户之一。显然，全球领先的技术创新和高端品质，让卡萨帝高端家电获得了海内外高端用户的拥趸，也让“卡萨帝世界级用户榜单”继续丰富。随着“卡萨帝世界级用户榜单”不断升级完善，卡萨帝社群生态将进一步释放口碑效应，以高端生活方式影响更多的家庭。

相关链接》》

卡萨帝洗衣机将进军南半球布局澳大利亚市场

据悉，国际高端品牌卡萨帝将携双子云裳洗衣机进军澳大利亚市场，这是继成功登陆欧洲国家以及印度、俄罗斯后，卡萨帝对全球市场的再次布局，也是卡萨帝洗衣机产品进军南半球市场的标志。值得一提的是，布局澳大利亚市场将成为卡萨帝拓展全球市场过程中迈出的坚实一步。

据了解，双子云裳搭载的是卡萨帝与斐雪派克联合研发的FPA电机。作为澳大利亚古老的家电品牌，斐雪派克在澳大利亚当地具备相当深厚的用户基础。据了解，大多数的澳大利亚家庭都拥有一台出自斐雪派克的家电。而“卡萨帝世界级用户榜单”也显示，作为国际高端家电品牌，卡萨帝一直以富含人文底蕴的家电产品为热爱生活的精英人群提供优雅生活解决方案。此次卡萨帝双子云裳洗衣机进军澳大利亚市场也势必会让澳大利亚用户对卡萨帝的品质更加了解。

与此同时，作为一个强调用户体验的顶级家电品牌，斐雪派克在澳大利亚乃至整个欧美的主要用户均为高端人群，而这些高端用户群体也是卡萨帝的潜在用户，这也与卡萨帝的高端品牌定位不谋而合。可以说，由于双方对目标人群的定位相同，斐雪派克的高端用户群体必然将为卡萨帝双子云裳洗衣机提供更精准的用户基础，不仅能让其第一时间满足用户需求，也能让其产品传递的高端生活理念快速地被澳大利亚用户接受并进一步传播。

事实上，除了澳大利亚市场，卡萨帝双子云裳洗衣机早已凭借着“以产品本质为追求、以用户需求为中心”的理念在短时间内风靡全球。具体来说，早在2016年6月，卡萨帝双子云裳洗衣机就获得了有“电器界诺贝尔奖”之称的德国VDE认证，VDE首席专家Christoph不仅对双子云裳洗衣机高度认可，还成为其首席用户。此外，德国最大的家电卖场Saturn将旗下的100家门店最好的位置留给双子云裳洗衣机，而法国、意大利、英国等国家媒体更是对其进行了大篇幅报道。

能获得世界范围内用户和市场的认可，与双子云裳洗衣机“一机双筒”的洗护解决方案密不可分。据悉，它的上筒提供婴幼儿衣服及易损衣服等12种专属洗护程序，下筒提供18种高端洗护程序，还能满足分类洗、健康洗、高端洗护和品质尊享四种不同的用户需求。这种超越传统的洗衣机创新设计理念彻底解决了长期困扰用户的衣物混洗问题，也将成为切中澳大利亚市场用户洗衣痛点的有力诉求方向。

此次进军澳大利亚市场，是卡萨帝在全球范围内的又一次布局，而凭借着对该国用户需求的准确把握和满足，卡萨帝将有望借助双子云裳洗衣机改变当地洗衣机行业的现有格局，开拓高端洗护市场的新需求。这不仅会对当地用户的洗涤方式产生革命性的影响，也将进一步加速实现卡萨帝引领全球洗护新时代的梦想。

第三节 统帅

统帅是海尔集团旗下的家电品牌，具有海尔产品的技术优势、日日顺渠道的三网优势、便捷的商务模式、独特的功能设计，是更符合消费者需求的新品牌。

统帅品牌LOGO

品牌介绍

统帅品牌有三个方面的内容，如下图所示。

内容一

统帅（Leader）品牌是海尔集团继海尔、卡萨帝两个品牌之后推出的第三个品牌，是海尔集团新推出的互联网定制家电品牌。目标人群主要是倡导个性、时尚、简约生活方式的年轻消费群体

内容二

统帅品牌秉承“只为需要的功能买单，为不需要的功能免单”的价值主张，通过虚实融合模式，在线上（互联网）快速获取用户个性化需求，在线下快速满足用户需求

内容三

统帅的产品涉及冰箱、洗衣机、热水器、空调、冷柜、彩电、厨电等七大品类。统帅始终坚持以用户需求为本，旨在通过按需定制、按需生产的方式快速满足互联网时代用户的个性化需求。在这里，用户才是产品的设计者

统帅的品牌内容

品牌特色

统帅的品牌特色包含三个方面，如下图所示。

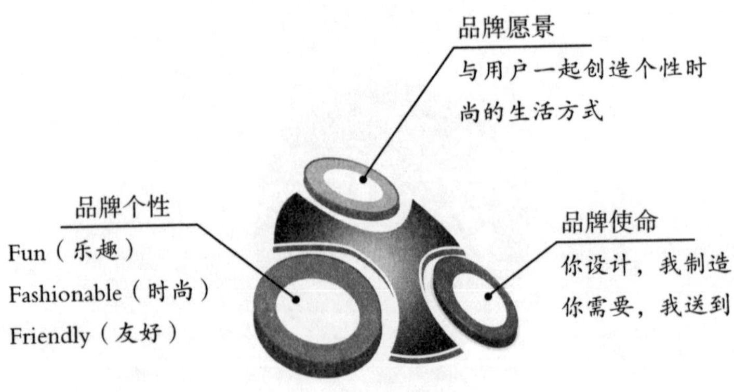

品牌特色

相关链接》》

美国权威认证机构SIEMIC授予统帅“时尚家电创新奖”

2016年9月26日，美国权威认证机构SIEMIC宣布，正式将“时尚家电创新奖”授予中国家电品牌统帅。据悉，SIEMIC旗下实验室对统帅ACB净韵空调等3

款产品进行了一系列严格的技术检验，同时结合家电市场的用户口碑，最终认定统帅产品在时尚消费领域具有创新引领作用。

统师获“时尚家电创新奖”

在业内看来，自进入2016年，统帅品牌的整体表现相当抢眼。在2016—2017年度空调行业高峰论坛上，统帅一举斩获品质领先奖、创新技术奖两项大奖；统帅真我洗衣机成为引领未来洗护产品的榜样；统帅中字格局冰箱成功开拓了多门冰箱市场的新局面。此次获得SIEMIC颁发的专业奖项，证明统帅在打造年轻化家电方面的科技创新已经取得了世界知名认证体系的认可，其针对年轻社群的战略转型影响力正在不断扩大。

SIEMIC方面认为，在产品的原创性上，统帅紧紧把握住年轻人的时尚需求，以极简的设计理念巧妙地融合了多项智能科技，从视觉效果到使用体验都展现了优秀品质。统帅品牌方面则提出“轻时尚 悠生活”的全新理念，配合密集的新品发布会，为年轻用户提供多元化、个性化的产品解决方案，实现为生活做“简”法，从而成功奠定了统帅“轻时尚家电开创者”的青春基调。

例如，统帅ACB净韵空调使用的自清洁技术，通过冷膨胀技术、专业凝水技术、蒸发器宝石蓝涂层、专利抗菌技术4项专利技术，解决了空调蒸发器内部脏、难清洗的技术难题，能有效杜绝空调内部的细菌滋生，保证室内空气清新，并且相比长期不清洗的空调，拥有自清洁技术的统帅ACB净韵空调，在耗电量上能明显减少10%。

此外，统帅对于“简”科技的匠心独具，在3款产品中得到了充分展现。统帅ACB净韵空调独创的Home一键舒适技术，能够一键智能调节室内温度；统帅真我洗衣机采用的变频直驱电机，可以实现1度精准洗涤；统帅中字格局冰箱首创的“第五空间”中字抽屉，不仅具备5～20摄氏度全温区设计，而且参考中国年轻女性身高设计了105公分的最佳取物高度。可以说，统帅能够迅速取得在年轻消费市场中的领跑者地位，正是得益于其在技术创新上的独到之处。

据介绍，SIEMIC总部位于美国硅谷。作为世界一流的电磁兼容、无线测试实验室以及权威的产品认证机构，SIEMIC是美国TCB、欧洲NB、加拿大FCB等世界知名实验室的发证授权机构，其认证报告在全球范围内得到高度认可。而SIEMIC长期注重对行业引领产品的挖掘和推荐，此次授予统帅“时尚家电创新奖”也正是出于这一目的，旨在以标杆推动全球电子类潮流的发展。

相关链接》》》

统帅发布“年轻化”战略：做年轻人的空调

2016年8月4日，统帅空调在济南召开“健康节能 智变未来”2017冷年新品发布会暨市场启动会，首次公布了独创的HOME一键舒适技术，并推出了全能至尊系列和哆啦A梦系列新品。据悉，这是统帅品牌实施年轻化战略转型以来，空调产业线的首度集体亮相，在凸显极简、时尚、定制等年轻化元素的同时，以品牌、品质、服务、售后四大保障全面引领年轻消费市场。

近年来，面对以80后、90后为代表的新消费主力，不乏有厂家尝试推出了部分外观独特的空调产品，但大多是浅尝辄止，始终没有打破传统的产品思维。实际上，年轻社群对于专属空调产品的追求，早已形成了“好看、好用、好空气”

的智能化、个性化风潮，成为潜力巨大的细分市场。而统帅依据年轻人的生活需求，从智能、节能、颜值、品质、健康方面入手，率先实施年轻化战略，通过新技术、新产品的亮相，实现了对该领域的抢先占领。

据了解，统帅行业首创的HOME一键舒适技术，就是在与大量用户交互后，针对“空调病”“难操控”“能耗大”等问题提供的解决方案，通过一键启动智能传导系统，就能让室内温度自动调整到最佳舒适状态，不仅符合当今年轻人的“懒人”特质，还能确保老人孩子也可以轻松使用。而HOME一键舒适技术已率先应用于本次发布的新品，并将在后期推出的空调产品中全面推广。

在产品方面，全能至尊系列主要面向高端化的年轻人群，以极简风格衬托出特有的尊贵气质。相比之下，哆啦A梦系列则主打日渐风靡的定制文化，通过卡通形象满足年轻用户的个性化需求。两款产品同时采用了HOME一键舒适、专利自清洁、智能APP操控、显色除甲醛四大技术，但前者在健康、智能、节能方面的优势更为突出，而后者则添加了香薰模块，彰显与众不同的个性色彩。此外，在现场拆机环节，统帅在耗电量测试和功能对比两项演示中的完美表现，也令到场客户备感振奋，有人在亲自试验后兴奋地表示“这真是拆出来的信心”。

统帅方面强调，作为海尔旗下的互联网定制品牌，统帅不仅会围绕高能效、高颜值、高品质三大卖点凸显年轻化品牌定位，同时将在2017冷年陆续推出3挂3柜共6款网络专供机型，保证产品竞争力。除此之外，统帅空调在品质、服务、售后方面都会提供坚实的保障，以便在2017冷年为用户带来智能、健康、时尚的生活体验。

对此，有业内专家分析认为，随着年轻消费人群的影响力日增，家电智能化、年轻化已经成为一种趋势，但很多企业受到意识、资源和研发实力的限制，并没有主动去拥抱年轻化的潮流。相反，统帅空调不仅抢先制定了年轻化战略，并且迅速推出包括技术、产品在内的整套解决方案，在奠定市场基础的同时，也成为整个行业的创新的标杆。

……………………………………………………………………………………

第四节 日日顺

日日顺简介

日日顺是海尔集团旗下的综合服务品牌，旗下有日日顺物流、日日顺乐家、日日顺健康等产业平台。

日日顺物流是中国居家大件物流专业品牌，拥有9万辆车、500万平方米云仓、18万名服务师，提供按约送装、无处不达体验；日日顺乐家是中国专业的社区服务平台，提供售卖源产地土特产、快递收发存、乐家驿站等便民服务；日日顺健康是提供水健康、空气健康、智能健康生活等健康问题解决方案的平台。

日日顺LOGO

日日顺物流

日日顺物流是中国居家大件物流专业品牌。

1. 简介

日日顺物流成立于1999年，企业发展先后经历企业物流、物流企业、平台企业三个转型阶段，依托先进的管理理念和物流技术，整合全球卓越的网络资源，搭建起开放的专业化、标准化、智能化大件物流服务平台。日日顺物流始终坚持以用户的良好体验为标准，依托四网（即仓储网、配送网、服务网、信息网）融合的核心竞争力，为客户提供供应链一体化服务解决方案，目前已经为家电、家具、卫浴、健身器材及互补行业的客户提供了全品类、全渠道、全流程、一体化的物流服务。

2. 获得荣誉

日日顺物流被美国供应链管理专业协会评选为“中国十大供应链管理示范企业”；中国物流与采购联合会授予其“首家中国物流示范基地”“中国物流协会产学研基地”的称号，并为其颁发首届国家科技进步一等奖；国家标准化委员会授予其“中国物流行业第一家国家服务业标准化示范单位”等奖项。

3. 中国智慧物流品牌日

“中国智慧物流品牌日”是由中国物流与采购联合会主办，日日顺物流承办的物流行业峰会，以“面向行业、着眼长远、注重实效”为宗旨，致力于成为国内更专业、参与方更广泛的物流行业盛会。举办时间为每年5月6日，取“物流”的谐音“56”。

日日顺乐家

日日顺乐家物联科技有限公司（以下简称“日日顺乐家”）是海尔集团控股的独立创业公司，承接海尔集团战略，致力于打造中国专业的社区服务平台。公司成立于2015年4月，总部位于山东青岛，注册资本达6000万元。自成立以来，日日顺乐家始终秉承“让服务创造价值”的宗旨，为用户提供良好体验。

2015年，在全国91个城市的6000家服务店和5万名服务工程师的基础上，日日顺乐家完成了1万多个社区的智能柜和社区驿站的布局，覆盖用户1800万名，日均活跃用户有40万名。通过共赢增值模式，吸引广告商200多个，农产品供应商1100多个，并和多个便民服务商和金融公司建立了合作关系。初步形成了社区末端物流服务、社区便民服务、农产品直供及定制、社区新媒体运营等五大增值服务业务。

日日顺健康

日日顺健康目前已形成以下三个方面的优势。

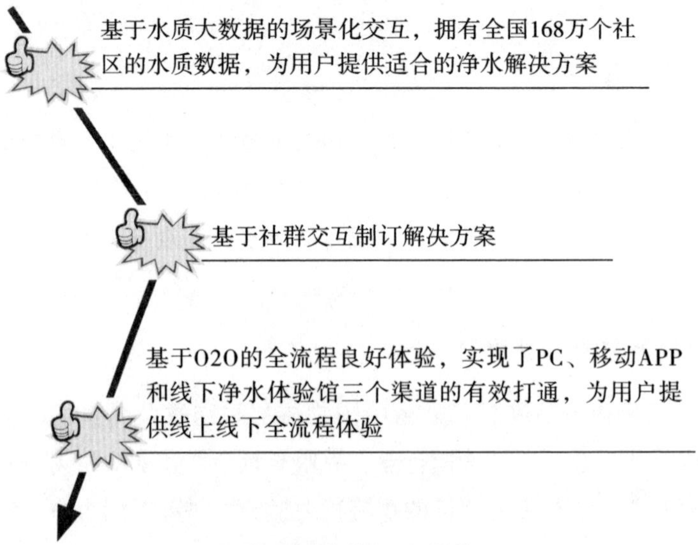

日日顺健康的三大优势

【拓展阅读】

日日顺成长历程

2016年12月，在2016中国创新营销峰会上，日日顺物流凭借日日顺物流创客训练营项目荣获2016年度最佳行业创新营销案例奖。

2016年12月，在2016中国社会责任公益盛典暨《中国企业社会责任年鉴（2016年）》发布会上，日日顺物流凭借创客训练营公益活动荣获2016中国企业社会责任公益盛典公益慈善奖。

2016年12月，在2016博鳌国际物流论坛上，日日顺一举斩获4项大奖，其中日日顺物流荣获中国十佳物流企业奖、中国品牌价值百强物流企业奖及“双11”公众最满意快递公司金奖，日日顺乐家荣获最受公众欢迎“快递柜”金奖。

2016年11月，中国轻工业联合会发布了2016年度轻工企业管理现代化创新成果，以日日顺物流实践为主体的“居家大件一体化物流服务平台”荣获创新成果一等奖。

2016年10月，日日顺物流凭借“一封家书”案例荣获中国广告长城奖——2016年度媒介营销奖银奖，其联合网易策划的春节特别行动“了不起的闪电哥”荣获2016中国广告长城奖——互动创意金奖。

2016年7月，在2016中国APP分类排行榜颁奖典礼上，日日顺物流荣获2016物流信息领域最具领导力品牌奖。

2016年6月，海贸云商平台获得由青岛市政府授予的“中国（青岛）跨境电子商务综合试验区示范企业”称号。

2016年6月，在中国国际物流节上，日日顺物流荣获中国物流十大管理创新奖。

2016年5月，在2016全球物流技术大会上，日日顺物流荣获2016年度物流技术创新奖。

2016年3月，在第二届中国质量诚信品牌论坛会议上，日日顺乐家荣获“全国质量诚信品牌优秀示范企业”称号及五星级服务质量奖。

2016年1月，在2015—2016年艾奇奖全球年度电商创新人物与机构颁奖典礼暨高峰论坛上，日日顺荣获艾奇奖年度电子商务创新平台奖。

2015年12月，在中国（杭州）国际电商营销峰会上，日日顺荣获金麦奖年度最佳营销奖。

2015年9月，在中国电子商务博览会上，日日顺净水商城斩获年度中国电商创新成长系列奖项。

2015年7月，日日顺以168亿元的品牌价值入围“中国品牌价值100强”。

2015年4月，在中国智慧城市年会上，日日顺乐家智能快递柜平台凭借最后100米用户最佳体验荣获“中国智慧城市优秀解决方案”荣誉称号。

2015年3月，获得由中国质量万里行促进会授予的“全国质量诚信品牌优秀示范企业”称号。

2015年2月，在全国工商联家居装饰业协会举办的第十届中国家居业总裁（上海）论坛及“中国家居业（2013—2014年）双年总评榜”活动上，日日顺家居服务有限公司获得“中国家居业（2013—2014年）十大家居创新品牌”和

“中国家居业（2013—2014年）行业杰出贡献人物”两个重量级奖项。

2015年1月，获得由媒体训练营冬季峰会颁布的最佳创新企业奖。

2014年12月，在第十届最佳商业模式中国峰会上获得“2014年度最佳商业模式”称号。

2014年12月，在第十二届中国互联网经济年会上荣膺“电商物流最佳服务商”称号。

2014年12月，在第九届中国网上零售年会上荣获2014电商服务年度风云奖。

2014年10月，日日顺以142.86亿元的品牌价值第二年入围“中国品牌价值100强”，并成为百强排行榜中品牌价值增幅最大的品牌。

2014年10月，获得由中国物流与采购联合会授予的2014中国物流创新奖。

2014年9月，在中国电子商务博览会上，日日顺净水商城斩获年度中国电商创新成长系列奖项。

2013年11月，在第八届中国网上零售年会上，日日顺荣获2013杰出电商仓储物流服务奖。

2013年10月，日日顺成为国内首家品牌价值过百亿元的物联网企业。

2013年3月，易观电子商务年会上日日顺被授予“最佳电子商务物流服务商”称号。

2012年12月，获得中国商业联合会授予的“全国企业文化建设特殊贡献单位”称号。

2012年12月，获得中国商业联合会授予的“中国首批五星企业”称号。

2012年12月，获得《环球企业家》授予的年度商业模式创新典范奖。

2012年4月，获得中国家电服务维修协会授予的“空调支架服务示范企业”称号。

2011年11月，获得中国物流与采购联合会授予的“AAAAA级物流企业”称号。

2011年1月，获得国家标准化管理委员会授予的“首家中国物流示范基地”称号。

第五节 亚科雅

品牌简介

亚科雅的英文名称“AQUA”源于意大利语，本意为“水”。AQUA诞生于琵琶湖畔的日本滋贺县，是海尔集团用以进军日本市场的高端家电品牌，以三洋电机洗衣机事业50多年的辉煌历史为依托，品牌内涵为Authentic Question Unique Answer（追求极致价值）。

AQUA

亚科雅品牌LOGO

品牌历史

2006年，搭载全球首创的独有技术和独有功能，以“珍惜水源的洗衣机”为理念的AQUA应运而生。

虽然AQUA作为三洋电机洗衣机的子品牌推出仅数年时间，但它代表的是三洋电机洗衣机事业50多年的辉煌历史。

两个“第一”

日本第一：1953年首创喷流式洗衣机，1966年首创洗干一体机，1971年首创投币式自主洗衣机，不断推动洗衣机产业发展。

世界第一：1960年首创双桶洗衣机，1972年首创满水感应，1995年首创洗澡水净化利用水泵，1998年首创超音波洗涤，1999年首创斜式滚筒，2001年首创不用添加洗涤剂的电解水洗衣。

品牌理念

AQUA的品牌理念表现在四个方面：A——Authentic，Q——Question，U——Unique，A——Answer，意为以独特技术解决根本性问题。

品牌内涵

AQUA的品牌内涵是持续创造独特家电，以划时代的功能与设计，不断发现完成家务的方法，并使购买家庭全家人都跃跃欲试，共同参与到家务劳动之中；以独一无二的视角与构思，满足使用者的期待，并超越想象。

相关链接》》

海尔推"亚科雅"双品牌战略　欲破日本十年课题

这是海尔还是AQUA（亚科雅）？以后日本消费者在选择海尔家电时，心里可能会冒出这样的疑问。

在海外品牌纷纷败退日本家电市场时，作为少数的坚守者之一，海尔正试图借助一个本土高端品牌对消费者施加一种微妙的影响，以此寻求市场上的突破。

2012年2月15日，东京新闻发布会上，海尔集团推出了新品牌AQUA（亚科雅），之后海尔在日本市场同时运营海尔和AQUA两个品牌。

日本朝日电视台以《日本制造却贴上中国商标》为题报道了这一消息，但在题目后却打出了一个大大的问号；同一天日本的《每日新闻》评论说，海尔集团自2002年起进驻日本市场，但没能打出品牌知名度，市场占有率也停滞在百分之几，推出AQUA后，海尔也许将成为日本同行业的一个强有力的竞争对手。

这些媒体的保留说法有一定的道理。日本消费者对于本土品牌一向忠诚，海尔2011年全球的营业收入为1509亿元，白色家电业务以7.8%的市场占有率居全球销量第一，但日本市场在其中却只占极小的比例，2011年在日本的销售额仅为

108亿日元。

“现在高端市场的业务刚刚起步。”海尔集团副总裁杜镜国对《第一财经周刊》的记者说。而借助AQUA进行布局，当然就是他口中的第一步。

AQUA原是三洋电机旗下的一个洗衣机品牌，其产品定位于注重生活品质的中高端家庭用户。2011年7月与三洋电机签署备忘后，海尔集团就开始动手对AQUA进行改造。现在的AQUA已经转型为一个涵盖冰箱、洗衣机和其他白电，拥有60多种型号产品的综合子品牌。AQUA上市后，出现在日本消费者面前的海尔集团将不再是一家只会卖中低端产品的中国企业，而是一家能够覆盖高中低档产品、拥有完整产品体系的企业。

推出新品牌的同时，海尔集团还宣布在日本设立亚洲总部和研发中心。海尔并购三洋电机在日本及东南亚的4个国家的白电业务后，利用三洋电机的研发团队在京都专门设立了洗衣机研发基地，加上东京冰箱研发中心的研发人员，海尔集团日本白电技术团队达到了200人。日本的研发中心也是海尔集团目前在海外规模最大的研发中心。

杜镜国称，三洋电机在日本有60多年的家电市场经验以及本土技术优势，这可以帮助提升海尔集团整体的技术创新能力。这个研发中心未来将主要开发面向日本和东南亚国家、能提供高附加值的产品。

参与高端市场的竞争，海尔集团面临着最严苛的考验。日本消费者对本土品牌有极高的认可度，在家电性能、节能水平、产品精细化各方面都很挑剔，甚至会要求产品设计得像艺术品一样精美。

早在2002年海尔集团刚进入日本市场时，就领教到了这一点。当时索尼、松下、日立、东芝等日系家电企业在满足消费者需求上不遗余力，推出的高端产品很多已经“超过消费者的想象”。而家电一旦贴上“中国制造”的标签，就会给人留下价格低、品质差的印象。

“海尔集团一直在考虑应该用什么方式进入日本市场，直到我们找到三洋电机这个合作伙伴后，才有了信心。”张瑞敏在接受日本媒体采访时曾这样表示。

2002年1月，海尔集团与三洋电机达成战略联盟关系，双方出资建立了合资公司，负责海尔产品在日本市场上的销售，海尔也借此进入了日本主流的销售渠道。

海尔刻意避开了竞争激烈的主流市场，而把目光投向日系品牌无暇顾及的细分人群：20～30岁的单身青年和60岁以上的老人。利用面向这两类人群开发的中小容量产品，海尔在日本市场上打开了一个突破口，其主打产品小型冰柜在日本的市场占有率在30%以上。

海尔集团花了大价钱在东京银座街头投放巨幅广告，也在设计上力求简约时尚，但由于产品结构过于单一、产品性能普通、渠道终端铺设力度不够等原因，在更广泛的人群中，海尔并不能获得认可。

海尔集团也曾试图推广自己的高端产品品牌。2007年海尔集团曾在东京设立了一个研发中心，员工全部为日本本土研发人员，并成功研发了一些新产品。但由于缺少足够的品牌影响力，“新蛋糕”没带来新市场，这些新产品在投放到日本市场上之后业绩并不好。

不止海尔集团一家公司在日本市场折戟沉沙。海尔在日本发展的10年中，伊莱克斯、惠而浦、三星、LG等家电品牌都曾先后进入过日本家电市场，但谁都没能成功挑战日本本土家电企业的统治地位，最终纷纷败退。

国际化程度最高的三星，更是在日本市场上连续遭遇两次败仗。在20世纪80年代初期，三星首次在日本设立分公司，意图进攻白电市场，销售洗衣机、冰箱等产品。由于品牌知名度、美誉度不高，再加上世纪末的亚洲金融危机，三星于2000年退出了日本家电市场。而在全球电子影像产品市场上取得成功后，三星卷土重来，但它还是没有生产出足以说服日本消费者的产品。尽管日本本土产品定价比三星同类产品高10%，但日本消费者仍会选择本土产品。三星的家电产品在日本市场利润微薄，于2007年再次退出。

所有进入日本市场的海外品牌都曾面临相同的困境。在三星第二次退出以前，2007年日本一家调研机构Display Search发布的一组日本电视机市场占有率数据显示，当年三星、LG的市场占有率分别只有0.3%和0.2%，均未列入前十名，而日系家电占据90%以上；日本kakaku网站的另一项“消费者最喜欢的相机品牌”调查结果中，清一色是日本本土品牌，没有一家海外企业出现在榜单中。

海尔是少数在日本坚持至今的海外品牌。相对三星、LG等公司70%以上的海外市场贡献率，海尔的海外市场贡献率仅为30%左右。想要成为真正意义上的国际化品牌，海尔必须扩大其海外市场份额。而张瑞敏一向推崇“先难后易”的做法，认为日本是必争之地。

开始运作AQUA这一品牌，可以看成是海尔集团在吸取包括自身在内的多家企业的教训之后，做出的一个决定。现在AQUA品牌开发的30多款产品，在1个月内已经进入海尔在日本的所有销售渠道。同容量段的冰箱，AQUA的定价比日系品牌价格高近20%。利用这一高端品牌，2012年海尔在日本的销售收入翻了5倍，达到500亿日元，其中AQUA的销售收入为350亿日元。

眼下日本传统家电制造业正纷纷收缩战线。松下、日立、三菱等公司开始逐步减少部分家电业务，把注意力转向成长性好的环保能源、医疗设备等领域，这给海尔带来了更大的市场空间，也利于海尔整合日本本土的技术优势。尽管在日本市场中提升份额并不是一件短期内可以实现的事，但海尔至少面对着一个还算不错的竞争环境。

只是在关键的高端市场中，日系企业仍占据着绝对优势。真的要跟日本本土品牌一争高下，海尔恐怕需要倚仗重大的技术突破。海尔方面表示，未来的主要精力将会放在技术创新和新产品的研发上。

第六节 斐雪派克

品牌简介

斐雪派克（Fisher&Paykel）是新西兰国宝级电器品牌、全球顶级厨房电器品牌、世界著名的奢侈品品牌，至2017年已有83年历史，自创建之始，便强调关注用户体验，追求卓越设计。

斐雪派克从 1934 年开始设计产品，并逐渐成长为一个在50个国家和地区运营的全球性公司，其生产基地遍布新西兰、中国、泰国、墨西哥和意大利。斐雪派克的设计传承自不懈进取的开创精神和求知求新的企业文化，敢于挑战传统的电器设计，不断推出根据用户需求量身打造的产品。

斐雪派克品牌LOGO

子公司

斐雪派克厨房电器有限公司的子公司主要有以下三家。

Production Machinery Limited公司负责制造生产设备，并致力于提高电机设计能力和生产能力，以适应客户日益增长的需求。

Dynamic Cooking Systems Inc是美国的一家生产专业级户内和户外烹饪产品的公司，其中一些产品销售于澳大利亚和新西兰。

Fisher & Paykel Italy是一家专门生产欧洲烹饪产品的公司。

被海尔收购

海尔集团在 2012 年收购了斐雪派克。加入海尔这样的大型全球化企业有诸多优势，能让斐雪派克以超越以往预期的速度飞速发展。作为一个全球化的高端品牌，斐雪派克会在海尔集团内部继续保持发展步伐。在海尔集团扩张地方品牌的同时，重点仍将是继续在新西兰、澳大利亚和北美发展斐雪派克和DCS两个品牌，同时扩大在中国和印度的品牌影响力。针对这些市场推出的斐雪派克新产品将继续在新西兰的研发中心进行设计。斐雪派克在新西兰的研发中心已被选为海尔集团在全球的5个精英研发中心之一。

品牌愿景

斐雪派克的目标是成为全世界最注重以人为本的电器品牌。

在斐雪派克的成长历程中，最关键的就是它的员工，他们力求创新，让日常生活中的每一天都变得非同寻常。享受生活，并不断改善生活，这是人类共同的基本愿望。斐雪派克的目标向来是通过优秀的设计改善生活品质。

品牌价值观

斐雪派克的品牌价值观主要表现在四个方面，如下图所示。

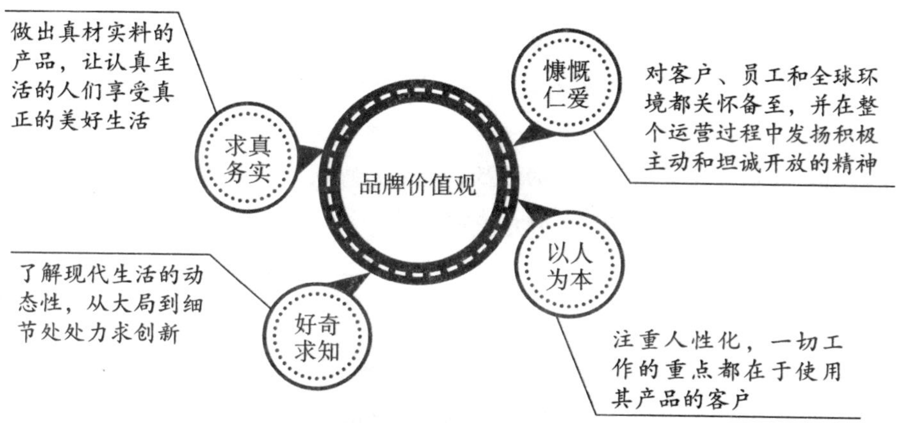

斐雪派克品牌价值观

相关链接》》

海尔集团45亿元收购斐雪派克

2012年9月12日，A股上市公司青岛海尔发布公告，2012年8月中旬海尔集团向青岛海尔（海尔集团子公司）表示，其有兴趣间接地购买其未持有或控制的斐雪派克股份，进一步提高协同效应，并建议青岛海尔派员参加视察及洽谈。

不过青岛海尔总经理梁海山等人前往新西兰实地考察后，综合考虑海外经济的不稳定性及相关不可抗力因素，加上增持项目涉及的资产和业务尚需整合且整合期间的业绩存在不确定性，青岛海尔最终决定放弃对全盘收购事宜的优先选择权。

对于青岛海尔的这一选择，海尔集团表示理解，并已于2012年9月11日向斐雪派克股东发出普通股份的全盘收购要约通知。根据外媒报道，海尔集团提出的方案是，将以每股1.2新西兰元的价格增持斐雪派克股份，此要约拟于14～30天内正式启动。

按照这一计划，在2009年以约8000万新西兰元持股20%的斐雪派克股份后，这次海尔集团又将掏出7.01亿美元（约45亿元人民币）来进行收购，其收购价格和斐雪派克现在的股价相比有一定的溢价。

包括家电生产及销售业务与消费金融业务在内，斐雪派克2012财年总收入为10.38亿新西兰元，但是销售收入和净利润同比都有下降。

虽然斐雪派克这一品牌在澳大利亚和新西兰拥有很高的市场份额，而且在墨西哥、泰国、意大利等国拥有多家工厂，还有一家消费金融公司，但是45亿元的收购价格还是引发了外界的质疑。家电行业专家刘步尘就表示："上次海尔出资收购其20%股权是在金融危机后的抄底，如今收购成本比原来高出了近一倍，但是斐雪派克的业绩两年来却有了近两成的下滑。"

……………………………………………………………………………………………

第五章 海尔式的管理

导言：

2016年12月18日，第五届管理科学奖颁奖典礼暨2016中国管理科学大会在北京中国科技会堂隆重召开。海尔集团凭借“以用户为中心的‘人单合一’共创共赢生态圈模式的探索及实践”一举拿下管理科学实践类综合大奖。那么海尔的管理模式是怎样的呢？

第一节 OEC模式管理法

OEC模式管理法的含义

1. 含义

OEC意为全方位优化管理法，是海尔集团于1989年创造的企业管理法，OEC由Overall（全面的）；Everyone、Everything、Everyday（每人、每事、每天）；Control and Clear（控制和清理）六个词语的首字母组成并简化为OEC，即全方位地对每个人每天做的每一件事进行控制和清理，亦称为“日清日高管理法”。

2. 实质

OEC模式管理法的实质是：管理不漏项，事事有人管，人人都管事，管事凭效果，管人凭考核。

这一管理法也成为海尔创新的基石。

3. 理论基础

海尔OEC模式管理法的理论依据是“海尔定律”（斜坡球体论）：企业如同爬坡的一个球，受到由市场竞争和内部职工惰性形成的压力，如果没有止动力（防止小球下滑的力，是海尔提出的专用词）它就会下滑，它的止动力就是基础管理和企业持续不断地改进。

OEC模式管理法的基本理念

OEC模式管理法的基本理念包含六个方面，如下页图所示。

理念一	斜坡球体论
理念二	以人为本，实行自主管理，不是对上级负责而是对市场负责，形成市场链关系
理念三	什么叫不简单？把公认简单的事天天做好，就是不简单。什么叫不容易？把公认容易的事认真做好，就是不容易
理念四	抓反复，反复抓
理念五	管理是动态的，它在观念创新中上升，在基础管理中止滑
理念六	先要把握好大局，抓大局中的小事，要一抓到底，抓出模式来，再推而广之

OEC模式管理法的基本理念

OEC模式管理法的构成框架

OEC模式管理法由三个基本框架构成，即OEC目标系统、OEC日清控制系统和OEC有效激励机制。

1. OEC目标系统

海尔的OEC目标系统将所有的物和事进行分解，强调“三个一”，即分解量化到每一个人，每一天，每一项工作，形成大到机器设备，小到每块玻璃，都清楚地表明责任人和监督人，有详细的工作内容考核标准，形成环环相扣的责任链，做到奖有理、罚有据，同时追求各项工作的零缺陷、高灵敏度，把管理问题控制、解决在最短时间、最小范围内，使经济损失降到最低，逐步实现基础管理的精细化。

2. OEC日清控制系统

（1）两个方面内容。

OEC日清控制系统包括两个方面，如下页图所示。

OEC日清控制系统的内容

（2）两种方式。

OEC日清控制系统在具体操作上有两种方式：

一是全体员工的自我日清。

二是职能管理部门人员按规定的管理程序，定时或不定时地对自己所承担的管理职能和管理对象进行现场巡回检查，这也是对员工自我日清的现场复审。

（3）三个管理原则。

在OEC日清控制系统的具体运用中，海尔有三个管理原则。所谓三个管理原则，其主要内容如下图所示。

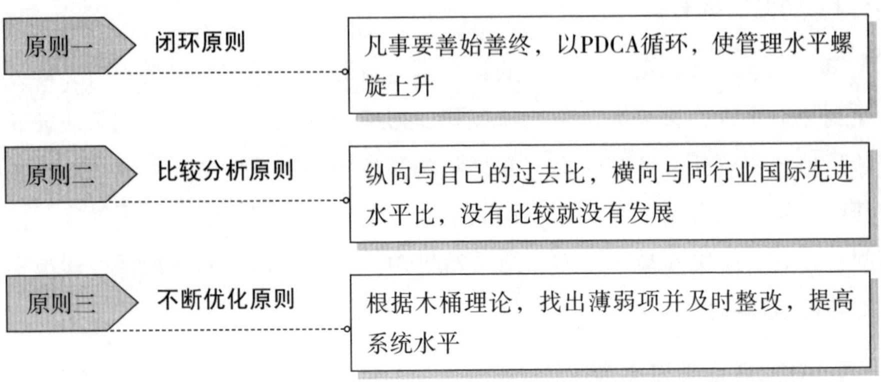

说明：PDCA循环又叫质量环，是管理学中的一个通用模型，PDCA是英文单词Plan、Do、Check和Adjust的第一个字母，PDCA循环就是按照这样的顺序进行质量管理。

三个管理原则

（4）九个控制要素。

在日清控制系统的具体运用中，海尔还有九个控制要素，可以概括为5W3H1S。

5W是what（何项工作发生了何种问题）、where（问题发生在何地）、when（问题发生在何时）、who（问题由谁负责解决）、why（发生问题的原因）。

3H是how many（同类问题有多少）、how much cost（造成多大损失）、how（如何解决）。

1S是safety（安全）。

3. OEC有效激励机制

OEC有效激励机制是日清控制系统正常运转的保证条件。海尔在激励政策方面坚持两个原则：一是公开、公平、公正；二是要有合理的计算依据。

海尔更多地采用及时激励的方式，如在质量管理上使用质量责任价值券。质量责任价值券分红券、黄券两种，红券用于激励，黄券用于负激励。管理者巡检生产线时，用价值券进行瞬间管理，价值券的红券、黄券都是一式两联，一份交给被激励员工，一份交给劳资科。到月末，劳资科将员工的质量责任价值券汇总后移交给财务科。财务科再根据每个员工的3E卡及质量责任价值券计算好工资发给每个员工。每个员工可以根据3E卡和质量责任价值券核对自己当月的工资。

海尔OEC模式管理法的效果

从海尔集团下属各公司的实践看，OEC的效果体现在以下四个方面。

1. 管理精细化程度得以提高

OEC消除了企业管理的所有死角，并将过去每月对结果的管理变为每日的检查和分析以及对瞬间状态的控制，使人、事、时、空、物等因素不断优化和持续改进，为生产提供了优质保证，不良品率、材料消耗率大幅下降，管理达到了及时、全面、有效的状态。

2. 流程控制能力得以增强

流程控制能力增强主要表现在以下三个方面。

（1）自控能力普遍提高。

（2）互控能力普遍提高。

（3）专控能力得到加强。

通过实施OEC模式管理法，海尔的各项管理工作实现了由事后把关向全过程控制的转化。

3. 企业激励机制更加完善

实行OEC模式管理法，使得海尔形成了对不同层次、不同侧面均有激励作用的激励机制。

4. 培育了高素质的队伍

这是海尔OEC模式管理法取得的最大成效，也是日清工作得以全面落实的基础。OEC模式管理法通过每天进行的整理、整顿、清扫和清理，使得全体员工养成了良好的工作习惯和工作作风，迅速成长为一支高素质的队伍。

第二节 市场链管理

海尔创造了中国制造业企业的一个奇迹，它借助全面的信息化管理手段，整合全球供应链资源，快速响应市场，取得了极大成功，其经验值得借鉴。

市场链管理模式

总结多年管理经验，海尔探索出一套市场链管理模式。简单地说，市场链就是把外部市场效益内部化。海尔不仅让整个企业面对市场，而且让企业里的每一个员工都去面对市场，把市场机制成功地导入企业的内部管理，把员工之间的同事和上下级关系变为市场关系，形成内部的市场链机制。员工之间实施SST模式（SST是索赔、索酬、跳闸三个词语的汉语拼音首字母，“跳闸”在此处为停止工作的意思）：如果你的产品和服务好，下道工序会给你报酬，否则会向你索赔或者“亮红牌”。

组织机构和业务流程

结合市场链模式，海尔集团对组织机构和业务流程进行了调整，把原来各事业部的财务、采购、销售业务全部分离出来，整合成商流推进本部、物流推进本部、资金流推进本部三个部门，实行全集团统一营销、采购、结算；把原来的职能管理资源整合成创新订单支持3R（研发、人力资源、客户管理）流程和基础支持3T（全面预算、全面设备管理、全面质量管理）流程，3R流程和3T流程相应成立独立经营的服务公司。

市场链作用

整合业务流程后，商流推进本部和海外推进本部负责搭建全球的营销网络，从全球的用户资源中获取订单；产品本部在3R流程的支持下不断创造新的产品以满足用户需求；产品事业部执行商流推进本部获取的订单和产品本部创造的订单；物流本部利用全球供应链资源搭建全球采购配送网络，实现JIT（JIT是Just in time的简称，即准时生产制）定单加速；资金流搭建全面预算系统，这样就形成了直接面对市场的完整的核心流程体系和3R流程、3T流程等支持体系。

商流推进本部、海外推进本部从全球营销网络获得的订单形成订单信息流，传递到产品本部、事业部和物流推进本部，物流推进本部按照订单安排采购和配送，产品事业部组织安排生产；生产的产品通过物流的配送系统送到用户手中，而用户的货款也通过资金流依次传递到商流推进本部、产品本部、物流推进本部和供方手中，这样就形成横向网络化同步的业务流程。

第三节 “人单合一双赢”模式

含义

“人”即员工，“单”不是狭义的订单，而是用户需求。“双赢”就是把每一个员工和用户结合到一起，让员工在为用户创造价值的同时实现自身价值。

海尔“人单合一双赢”模式曾获得全国企业管理现代化创新成果奖，该奖项被誉为中国企业管理创新领域的“奥斯卡”。

基本理念

“人单合一”是契约，“双赢”就是高单高酬，“人单合一”落到运行上就是全员与用户的一个个契约。

传统管理模式与“人单合一双赢”模式的区别在于前者是以企业为中心来制定的，而后者则是以用户为中心来制定的。

员工被用户驱动，而不是被领导驱动；接受用户考核，而不是接受公司评价。

模式的演变

海尔管理哲学的核心是“企业即人，人即企业”。自海尔创业以来，张瑞敏在海尔的管理实践方面始终聚焦充分激发员工的创造力、挖掘员工的潜力，坚信人是企业唯一能够增值的资产，企业最重要的就是两部分人，内部是员工，外部是用户，海尔“人单合一双赢”模式创新的主线就是让内部员工与外部用户的距离为零，也就是“人单合一”。但在不同的发展阶段，“人单合一”的内涵又有所不同。

“人单合一双赢”模式的演变如下表所示。

“人单合一双赢”模式的演变

发展战略阶段	“人单合一”理念	管理创新	组织创新
名牌战略阶段	人人都管事，事事有人管	高标准、精细化、零缺陷	自主管理班组
多元化战略阶段	人人都有一个市场，人人都是一个市场	OEC模式管理法	SBU（战略事业单元）
国际化战略阶段	—	以市场链为纽带的业务流程再造	MMC（微型公司，或项目团队）
全球化品牌战略阶段	人人都有单，单单都超值	“人单合一双赢”模式	倒三角—自主经营体并联协同—利益共同体
网络化战略阶段	人人创客	“人单合一共创共赢”模式	创客小微

海尔三张表

互联网为企业管理带来的是“范式革命”式的颠覆，传统的管理理论、管理工具在新时代下逐渐失效。在企业互联网转型过程中，海尔积极以“人单合一双赢”模式探索构建适应互联网时代特征的企业。以理论创新、模式创新为先导，海尔在实践中探索创新管理工具，逐渐发展出战略损益表、顾客价值表、共赢增值表三张表，驱动海尔平台及小微企业转型升级，不断朝打造“共创共赢生态圈”的方向演进。

1. 战略损益表

海尔实施“人单合一双赢”模式期间，将传统损益表转变为战略损益表。战略损益表的适用对象是自主经营体，自主经营体就是“让员工当老板”，让员工与企业之间形成一种自主经营核算的关系。

传统损益表反映的是收入减费用，以数字为导向，只有冷冰冰的数字。战略损益表则是从交互用户、人力资源、计划执行、闭环优化四个方面对经营过程和结果进行评估。

两个表的对比如下。

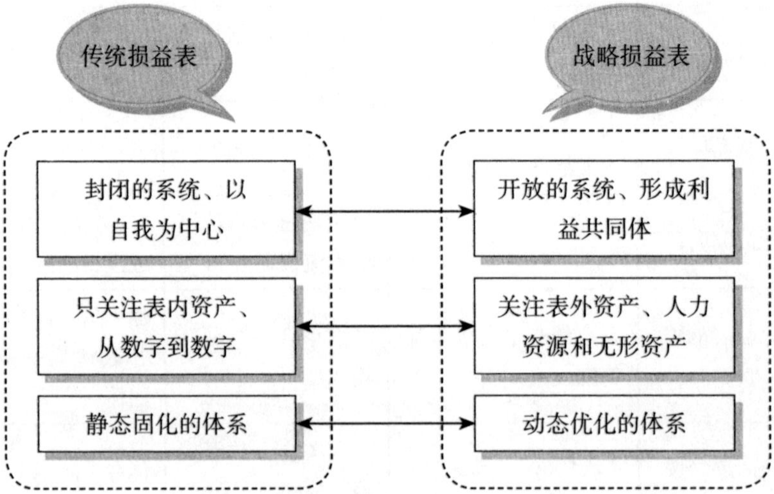

传统损益表与战略损益表的对比

2. 顾客价值表

在转型过程中，海尔积极引导小微将压货（即库存）思维转成零售（把产品直接卖给顾客）思维。

根据传统损益表，生产出来的产品通过一级、二级、三级经销商，层层分销才到顾客手里。按照权责发生制只要把货卖给分销商就可以计算收入，销售结束。这样做会造成经销商商品库存积压，制造商也与终端用户失去联系。

海尔在零售导向模式下是把商品卖给终端消费者后才开始计算收入。每个创客直接面对消费者，创造顾客价值。而顾客价值就体现在顾客价值表上。但顾客价值表上的收入只是零售收入，是一次性交易，商品卖给顾客后销售就结束了。

顾客价值表主要包含四个部分，即顾客价值、全流程节点预赢增值的并联对赌、顾客成本及费用。顾客价值表体现了对传统损益表的颠覆和创新。

3. 共赢增值表

2015年9月19日，海尔举办“人单合一双赢”模式探索十周年暨第二届海尔商业模式创新全球论坛，张瑞敏作《人单合一2.0——为创建共创共赢生态圈模式进行的探索及实践》的主题演讲，标志着海尔“人单合一双赢”模式进入新阶段——“共创共赢”模式。随后海尔论证并制定了“共创共赢”模式的具体实现路径和检验标准——共赢增值表。

共赢增值表分别从用户资源、用户增值分享、收入、成本、边际收益五个环节评估验证小微的“共创共赢”模式。

共赢增值表颠覆了传统损益表的内容，从过去的以企业为中心的模式转变为现在的以用户为中心，形成由封闭到开放的、有用户和资源方参与的模式，它将自上而下的管控变为从用户到用户的循环生态模式，由事后算账的项目制变为各攸关方参与增值分享的机制。共赢增值表的目标是创造出第四平台，即“共创共赢”的平台，要有用户、各资源方参与。

传统损益表与共赢增值表的对比如下图所示。

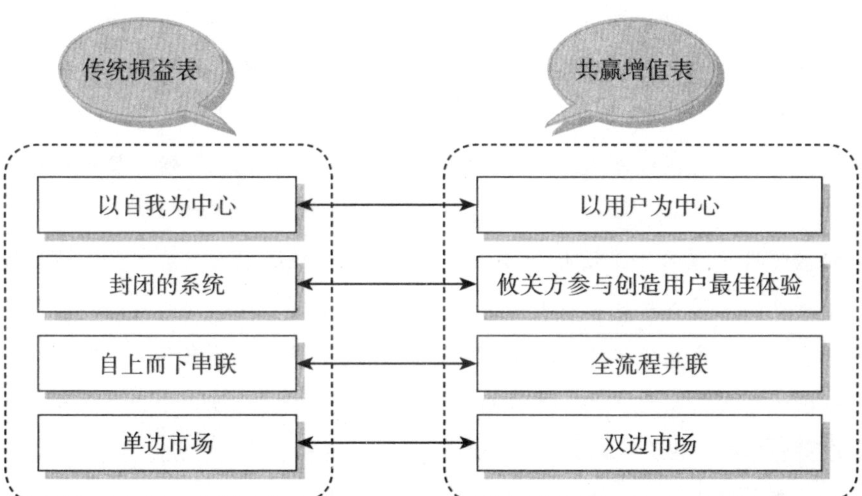

传统损益表与共赢增值表的对比

相关链接 》

海尔张瑞敏谈“人单合一”创新管理模式

如果哪个企业家致力于把企业变成一家“群龙无首”的企业，你一定认为他疯了。可是，大名鼎鼎的海尔集团董事局主席张瑞敏就在做这样一件事。用他的话说，就是“群龙无首，天下治矣”。为实践这一理念，海尔集团取消了一万多个中层干部的职位，把所有员工变成三类人：平台主、小微主和创客。他期待，等待海尔的不是“他杀而死”，而是“自杀重生”，凤凰涅槃，成为一家互联网公司。

不当“恐龙”：传统管理模式必须被颠覆

“传统管理模式必须被颠覆！”2016年12月7日在南京参加世界智能制造大会高峰论坛的张瑞敏斩钉截铁地说。他认为，在互联网时代，企业需要探索适应时代的管理模式。“传统的三大经典管理学理论中，第一个经典理论是科学管理理论，其导致了大规模流水线制造的出现，大幅降低了制造成本。但在互联网时代，规模化流水线生产一定会被大规模个性化定制颠覆。第二个经典理论是科层制，即金字塔型组织结构。互联网带来的是‘去中心化’和‘去中介化’，不要中心和中介了，企业还要科层制干嘛呢？第三个经典理论是一般管理理论，在企业中体现在职能管理部门。互联网时代的企业一定是‘自组织’而不是‘他组织’，既然是自我成立的组织，还要职能部门干什么么呢？”张瑞敏提出一连串疑问。

传统管理模式必然导致大企业“恐龙化”，反应迟钝、信息不灵。他以海尔前几年兼并的三洋电机的家电业务为例。“兼并之后，我们就问他们一个问题，亏损这么多年，谁来负这个责任呢？结果所有人都说自己没有责任。做研发的说我根据设计指标来研发产品，完全符合设计；制造部门说我的产品完全符合营销的标准；营销部门说，他给我这个产品，卖不出去我也没有办法。”

“没有管理者”：万名中层管理者一夜“下岗”

种种弊病都需要从管理模式上进行根本改造。海尔探索的是“人单合一”。“人”就是员工，“单”不是狭义的订单，而是用户需求。“人单合一”就是把员工和用户结合到一起，每名员工都直接面对用户、创造用户价值，并在为用户创造价值中实现自己的价值。员工不从属于岗位，而是因用户而存在，有“单”才有“人”，竞单上岗、按单聚散。

为此，海尔取消中层管理岗位，使其变成了一个“没有管理者”的公司，一个网络化的组织。企业里的三类人中，平台主在海尔内部搭建平台，小微主在海尔内部组建创业团队，创客是企业内的创业者。三类人没有上下级关系，只在企业内、网络上获取资源来创业。

现在，海尔已孵化了上千个小微创业团队，其中181个获得了天使投资。

“雷神”是小微创业最好的榜样。这是3个80后小伙子组建的团队，自创业、自组织、自驱动。自创业，就是自己找项目。他们的项目是收集数万条对海尔游戏笔记本不满的意见，然后研发生产用户满意的产品。自组织，就是自己在网络上整合资源。他们借助海尔的影响力，找到了世界一流的笔记本电脑生产商。自驱动，就是自己找风投，自己推动项目前进。目前，这个项目已经获得了多个风投资本青睐，正在准备IPO（IPO指首次公开募股）。

“自杀重生”：企业要“让每个人都当自己的CEO”

张瑞敏最后用一段颇具哲学意味的话结束了演讲：“康德说，人是目的，不是工具。每个人都可以成为人才，人人都是自己的CEO，前提是给他创造这个空间。易经云：‘群龙无首，天下治矣。’这个‘群龙无首’不是没人管、乱成一团，而是指每个人都是龙。每个人都把能力发挥到极致，组织就能把活力焕发到极致。”

相关链接》》》

人单合一2.0——为创建“共创共赢”生态圈模式进行的探索及实践

像海尔这样的几万人规模的企业，进行“变成没有管理者的公司”这样的改变，我遍访了欧洲国家、美国的企业，到目前为止，只看到我们一家。但是，10年来，我们并没有感到孤独，为什么？因为有很多国内外的专家来帮助、支持我们。最重要的是，国内还有大量的企业和企业家与我们一起探索。

今天我把我们探索的心得和大家分享一下。

“人单合一”从提出到现在已经10年了，现在进入2.0阶段。“人”就是员工，“单”就是用户需求，“人单合一”就是把员工和用户连到一起。“人单合一”我们当时提出这个理念之后，又提出了一个市场链模式，这就是“人单合一”1.0。所谓市场链，就是把企业和市场连接到一起。其实，企业应该和市场连接在一起，但实际上却是分离的。如果你问企业经营者“你的客户是谁，你给客户创造的价值是什么”，企业经营者都很难回答上来；若再问企业的员工，可能更回答不上来。当时我们就说要让企业内部和市场连接起来，所以就在企业内部划分了单位，让企业变成一个个自主经营体。但是，问题来了，因为受到原来组织机制、框架的限制，再往下走，必须要将原来的模式全部颠覆掉。

今天我说的“人单合一”2.0是要建立一个“共创共赢”的平台，它颠覆了传统模式。我要从三个角度来讲：第一，有破有立；第二，立是什么；第三，怎么持续探索下去。

“共创共赢”模式颠覆了传统模式

我先讲对新框架的内涵所进行的探索。“共创共赢”模式有以下四个方面的内容。

第一，定位。原来企业的定位是以自我为中心，而现在企业的定位不应该是一个独立的、可以包打天下的单位，而应该是互联网的一个节点。一台电脑什么都不是，但是连上网络就无所不能。企业的定位说到底应该是封闭还是开放？传统企业都是封闭的，只关注自身有多少资产，有多少人，有多大能力，但是现在企业只是互联网上的一个节点。

第二，价值导向。传统企业以顾客为导向，也就是关注销售额，看有多少顾客购买。但是，现在的导向不是顾客，而是用户。顾客和用户有本质的区别，顾客是一次性交易，他同意买了，就是钱和物的交易。而用户是不断交互，不断参与的，所以要创造出最佳用户体验。

第三，驱动力。我们现在提出按单聚散人。这个用户的目标你能不能完成？能，你就来干，不能就让别人来干，而用户目标是不变的。传统企业是按人来定单，如果个人有这个能力，那就按这个能力给他制定一个目标。企业差不多都是这样。为什么可以按单聚散人呢？因为现在每个人都是创客，都要跟投创业——

有风投来投资，要跟着投资，这样大家的利益就绑在一起了。

第四，目的。创业人员无边界。目标定了，创业人员是谁没关系，谁行谁来，这是很重要的一点。但是，创业是在海尔这个平台上进行的，共赢是目的，是各方利益最大化，各方要能够持续协同、共享创造的价值。被称为“近代政治哲学之父”的马基雅维利提出：所谓共赢，绝对不是零和博弈，而是所有参与方都要得利。

“共创共赢”模式实施的前提是对传统模式进行颠覆。传统的管理哲学对管理三要素的总结是：管理的主体（简称主体）、管理的客体（简称客体）、管理的工具。管理的主体就是管理人员，管理的客体就是被管理人员、资产、财物等，管理的工具是管理的手段、方法，是帮助管理主体和管理客体的。

现在要颠覆掉它。不管什么样的企业，最重要的就是两类人：一类是外部用户；另一类是内部员工。我们颠覆传统模式有“三化”：企业平台化、用户个性化和员工创客化。原来的企业是一层一层的，现在变成平台了。用户个性化颠覆了产销分离制，原来工厂就管生产，生产出来的产品进入销售渠道，由销售渠道进行销售，所以产销是分离的。员工创客化颠覆了雇佣制，原来的员工是被雇佣的，现在不是被雇佣的，而是来做创客的。什么意思？现在，我不会为你提供一个工作岗位，但是我会为你提供一个创业的机会。这“三化”之间的关系是：企业平台化是这个模式的必要条件，如果你不改变企业原来的结构，就不可能做到；用户个性化是目的，所有的颠覆都是为了这个目的；员工创客化是充分条件，没有员工最大的积极性，不可能实现目的。

企业平台化

一是企业平台化颠覆转型的路径。

德国人马克斯·韦伯提出的科层制、现代官僚制像个正三角形，企业、军队、政府都是这样。现在，我们把企业变为海尔创业生态圈，里面没有科层，只有三类人，这三类人没有职位高低，差别只是所掌握的、创造的用户资源不同。第一类人叫作平台主，平台主不是一个官员，也不是一个上级领导，而是一个服务员，负责给这个生态圈“浇水施肥”；第二类人是小微主，就是一个创业团队，这个创业团队在平台上茁壮成长；第三类人是原来的员工变成的创客。所有人形成一个组织，齐心协力来创造用户最佳体验。这就形成了两个圈：并联生态圈和用户圈。原来的企业是串联的，是从上到下的，现在是并联的，变成一个圈。并联生态圈外边是一个用户圈，这个用户圈并不是说有多少用户，而是指这些用户提出了一个共同的意见，这些用户里面也许有意见领袖。这两个圈最后融合到一起，形成一个圈——达到用户最佳体验的圈。

这与传统的理论不一样。获得诺贝尔经济学奖的罗纳德·科斯教授提出企业的边界理论：如果企业在某个产品上非常有竞争力，那就扩大生产；如果不如别人，就缩小边界。科斯的理论是对的，但他那个时代没有互联网。在科层制里，谁的资源比别人多，边界就比别人大。然而，现在企业完全是跟互联网结合到一起的，从某种意义上来说，资源是无限的。因此，从这个意义上来说，“共创共赢”生态圈也是无边界的。

二是企业平台化颠覆的难点。

我们在这个过程中有切身感受，归纳起来主要有三点：组织、营销、管理。组织就是从串联流程颠覆成并联生态圈；营销就是从一次性交易的顾客颠覆成全流程最佳体验的用户；管理就是从职能管控部门颠覆成“去两化”——去中心化、去中介化——后的两个平台——共享平台和驱动平台，每个人都可以成为中心，一定要和用户零距离接触。

企业平台化的第一个难点是以用户增值为中心。国际化大公司通用的是产生概念、调研、开发、验证、交付、发展、成熟、退市这个流程。这个流程非常严密，做起来有很多程序，非常复杂，但里面没有用户，是以企业为中心的。现在海尔改成迭代式研发，完全以用户增值为前提来开展工作。这里面最主要的区别有两点。首先，原来仅仅是依靠自己的资源来做，现在是以用户增值为中心，靠这些资源够不够？不够，那就要找来更多的资源。其次，它是并联在一起的，所有的动作同时发生。当然，最大的改变是从没有用户参与到有用户参与。

企业平台化的第二个难点是，要让一次性交易的顾客转变成获得全流程最佳体验的用户，让用户可以得到从头到尾的最佳体验。我们希望打造“共创共赢”平台，让大家在这个平台上都能获得利益与成长。例如海尔的“水质地图”，它几乎覆盖了全国城乡，全国24万个社区、143万个村镇的水质都有非常明确的标志记录，可以查到比如兰州或其他某个地方的水质。这就是一个很好的资源。另外，我们的平台网络非常大，在这个平台上的各方都可以盈利。

第三个难点是职能部门。有很多人到海尔来参观学习，都问过职能部门怎么干？职能部门就是干良心活，他们怎么实施“人单合一”模式呢？海尔把原来的职能部门合成两个平台：一个共享平台，一个驱动平台。共享平台要做到“活而不乱”，驱动平台的目标是“事先算赢”，“事先算赢”就是事先把这个单锁定了，谁能来完成谁就去做。关于共享平台，举个财务方面的例子，有一个指标是看一个财务人员服务的员工有多少。以前，一个财务人员服务的员工是50人，现在是350人，单据的处理量比以前提高了近10倍，因为共享平台是信息化的，不需要人对人地去工作，所以既能提高效率又不会发生混乱。

三是企业平台化颠覆的目标。

第一是要从科层管控模式转变为创客平台模式；第二是要把企业的宗旨从追求长期利润最大化改变为追求成为小微的股东之一。我们刚刚开始时有2000多个小微，现在有很多小微成长起来了，自己在工商局注册成为真正的公司，不再是虚拟公司，海尔只是它的股东之一。但是，这些小微一定要在海尔这个平台上运行。在海尔这个平台上运行，不是要管制小微，而是要大家协同起来，达到为用户提供最佳体验的目标。

用户个性化

第一，用户个性化颠覆转型的路径。

大规模制造条件下的产销分离是，工厂生产出来的产品分销到商店，商店再卖给顾客。现在虽然有了电商，但电商只解决了去线下实体店的问题，所有工厂还是要到这个平台上来卖。实际上，互联网平台上重要的是用户体验。现在，我们搞了一个互联工厂，用户体验是无缝化、透明化、可视化的。首先，这个互联工厂可以跟用户交互，即实现无缝化；其次，互联工厂的操作是透明的；最后，每项任务做完了之后可以把完成情况发到用户手机上，全过程用户都可以知道，这就是可视化。

2015年9月18日，我和杰米里·里夫金先生交流。《第三次工业革命》这本书里有个观点对我影响非常大。书中说，全球化的下一个目标是洲际化。这句话乍一听有点像悖论：全球化的目标已经很大了，下一个目标应该更大，但是洲际化的目标又缩回去了。其实不然，洲际化就是要从大规模制造转为大规模定制。

智能化并不意味着在原有产品上加一些智能零件就可以了，智能化存在于与用户交互的过程中。所有的产品都有三类件：第一类是物理件；第二类是智能件；最重要的是第三类件，叫连接件。想办法让企业和用户连为一体，这才是最重要的。

第二，用户个性化颠覆的难点。

用户个性化转型，具体做起来有两个难点，都聚焦到体验经济上。原来是销量经济，把销量弄大就可以，但是现在变成体验经济，这是第一个难点。第二个难点是体验的可视化。对互联网企业的要求是，不仅要有高效率，还要有高精度。如果没有这一点，根本不叫体验的可视化或者算不上互联网企业。

第三，用户个性化颠覆的目标。

用户个性化颠覆的目标，我们叫作“产销合一”：生产者、消费者合一。我把它叫作“否定之否定的演进”：小作坊一定是自产自销的；大规模生产一定是产销分离的；互联网时代，又是自产自销了，我就希望海尔的互联工厂变成自产自销的。但是，这还不是最后的目标，最后的目标是要达到产销合一。为了达到这个目标，要以共享经济为基础。过去，一个商品有没有价值要看能不能交换，但是现在不交换也有价值——共享价值。

员工创客化

第一，员工创客化颠覆转型的路径。

美国的一家大公司曾帮我们做过“选育用留”式人力资源管理：有人来求职，一是看够不够资格，二是要培育他，三是要使用他，四是假如他很好，要留住他。现在，我们颠覆成“动态合伙人制”——员工从原来的被雇佣者、执行者，变成现在的创业者、合伙人；原来是被动的，现在是主动的。为什么叫“动态合伙人制”？不管我干得好不好都有股份？不是的，如果干得好，股份可以保留甚至增加，如果没有能力再往前推进，就把钱退给你，和股市上买股票一样，最后要达到的目标是：自创业、自组织、自驱动。自创业的意思是员工自己要寻求机会，如果你找到了，就可以变成一个自组织，这个自组织又可以自驱动。这个组织没有领导，没有领导谁来驱动？用户。

第二，员工创客化颠覆的难点。

员工创客化颠覆的难点，我主要归纳为三点：员工的定位改变、员工的换位、员工薪酬的来源。

一是员工定位要从原来的岗位执行人转变为拥有“三权”的创业者。首先是决策权，其次是用人权，最后是分配权。

二是员工要换位，要从被雇佣者转变成动态合伙人。例如，“快递顺”项目拿到风投，估值也很高，但投资方有一个要求，即一年之内业绩必须要翻番。如果达到了这个目标，投资方会继续加大投资；如果达不到，跟投的钱也没了。这个动态合伙人是和市场的表现混在一起的。

三是员工薪酬的来源。传统企业里，员工的薪酬从哪来？主要是岗位薪酬，虽然有很多考核，但你在哪个岗位，就有多少薪酬。现在，我们内部进行“断奶”：企业不再给员工薪酬了，员工的薪酬一定要从创造的用户价值当中得到，得不到你就离开。有一些小团队还没有挣钱，还没有创造用户价值，这时，他们的平台主要判断这些团队到底行不行。不行就要离开，要让另外的团队来；如果行，那这段时间的工资就由平台主来发放。

第三，员工创客化颠覆的目标。

“人是目的，不是工具”，这句话是德国哲学家康德说的。在任何时候，都不能把自己和他人当作工具，因为人自身就是目的。其实马克思也说过一句话，“不是工人使用劳动工具，是劳动工具使用工人”。所有生产线上的工人都是生产线的附庸。所以，我们颠覆的目标是德鲁克所说的“让每个人成为自己的CEO”。

怎么样创造一个平台，让每个人都把他的价值充分发挥出来？一个鸡蛋从外面打破，一定是成为人类的食物，但从里面打破，一定是新生命的诞生。我们的任务是让每一个员工都能够破壳而出。

王安石是北宋非常著名的改革家，最后他失败了。他很有感触，认为改革的难题是“三不足”：“天变不足畏，祖宗不足法，人言不足恤。”什么意思？“天变不足畏”，天变了不要害怕，从传统时代变成互联网时代，一定要冲上去，如果退缩等待，那是死路一条。“祖宗不足法”，现在我们用的是传统时代的管理模式和思想，像亚当·斯密的细分化，还有泰勒的动作研究、流水线……这套已经没用了，不能停留在原来的经典上，要创新。“人言不足恤”，一定要认真干，别人肯定会说三道四。河水可能会经过千山万壑，但最终一定会奔向大海。互联网的大潮一定会成功，我们只有跟上它奋勇前进！

相关链接 》

厉害了！海尔模式将入选亚洲顶尖学府教材

变革正在成为企业经营的常态，而企业管理理论之树想要常青就要与时俱进。为此，亚洲顶尖学府紧紧跟随当代的企业，使教学内容与当代企业的战略变革思考步调一致。

中国社会科学院工业经济研究所企业管理研究室主任、中国企业管理研究会互联网商业模式研究专业委员会召集人王钦教授所著的《人单合一管理学》一书被列入中国高校推荐教材。

2016年10月底，王钦教授携《人单合一管理学》走入台湾大学、台湾“中央大学”、中国人民大学等亚洲顶尖学府举办“海尔转型课堂”，为高校学子详解海尔“人单合一双赢”模式，而这也预示着“人单合一双赢”模式正在成为中国管理学界的最新样板。

1. 水到渠成

18年前，海尔集团董事局主席、首席执行官张瑞敏受哈佛大学的邀请，以中国企业家“第一人”的角色走上哈佛大学的讲台。2013年他又作为全球唯一受邀的企业家登上了世界最顶级的学术峰会——美国管理学会第73届年会的演讲台。在长达50分钟的演讲中，张瑞敏呈现给350多名国际顶级管理专家的海尔“人单合一双赢”管理模式赢得了一次又一次的掌声，并成为大会热议的主要话题之一。

目前，“人单合一双赢”模式作为教学与研究案例被美国哈佛商学院、沃顿商学院、西班牙IESE商学院与瑞士洛桑IMD商学院等国际顶级商学院不约而同地收录进各自的教科书之中。

可以说，自2005年9月海尔正式提出“人单合一双赢”模式以来，此模式作为“中国式管理”的创新一直受到中外管理学界的关注，被视为继福特模式和丰田模式之后适应时代发展的第三种管理模式。

2. 颠覆传统

是什么样的管理模式创造，让海尔在颠覆传统中一路突进呢？

张瑞敏认为，企业即人，管理即借力（企业即人是说所有资产增值都要靠人，人是企业的关键。管理即借力，是指管理企业要整合更多的资源）。人即员工和用户，管理即机制。正是基于对人的价值的尊重，才有了海尔的“人单合一双赢”模式。“人单合一双赢”模式将员工与市场及用户紧密联系在一起，使得员工在为用户创造价值中实现自身价值，从而建立起一套由市场需求驱动的全员自主经营、自主激励的经营管理模式。

“战略决定组织结构，组织结构从属于战略”，这是钱德勒著名的从属理论的观点。海尔的“人单合一双赢”模式要求对传统的企业组织形态进行彻底颠覆，把原来金字塔式的科层制变成平台型组织。实现脱胎换骨的变革后，海尔转型为创业孵化平台。创业小微作为企业的基本单元，是独立运营主体，享有决策权、用人权、分配权，在市场竞争中优胜劣汰、创业发展。

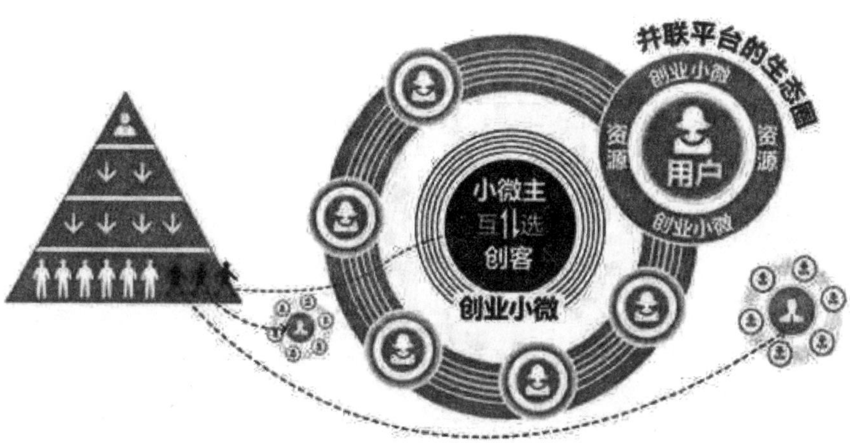

海尔生态圈

现在，海尔创业小微呈现爆发式增长状态：在180个创业小微中，有超过100个小微年营业收入过亿元；23个小微引入风投；12个小微估值过亿元，具备创业板上市资格。这些小微为社会提供了超过130万个就业机会。

虽然海尔模式还有待时间、实践做进一步的验证，张瑞敏也认为海尔一直处于试错与纠错的过程之中，但海尔10年来发展的实际情况不断印证“人单合一双赢”模式的时代性与先进性：2015年海尔连续第7年被欧睿国际评为全球大型家电第一品牌。从2007年至2016年上半年，海尔年利润复合增长率达33%，是营收复合增长率的5.5倍。2016年上半年，海尔旗下上市公司青岛海尔更实现营收、利润双增长，其中利润同比增幅在20%以上。

正如著名的管理学家加里·哈默所说，组织结构的变革是管理界的世界性难题。而让企业全员面对市场和服务用户在全球范围内并没有非常成功的案例，因此，在颠覆传统中一路突进的海尔是否可嘉可赞呢?

……………………………………………………………………………………

第六章
海尔的艰苦转型

导言：

2014年7月7日，张瑞敏在一次演讲中说道：“现在对于我们来讲处在什么时代呢？就像英国作家狄更斯在《双城记》的卷头语中说的那句话，‘这是最好的时代，也是最坏的时代’。如果我们跟上这个时代，它对我们来讲就是最好的时代，如果我们不能跟上，它对我们来讲就是最坏的时代。”

第一节 海尔+互联网

传统企业的互联网之路

到2017年，海尔集团成立33年，从一个发不起工资的小厂成长为世界500强企业。然而，在飞速发展的互联网时代，作为传统企业代表的海尔该如何适应，如何找准自己的定位，如何借助互联网的东风更进一步呢？

张瑞敏说：“我们现在做的是颠覆传统的管理模式，建立互联网式的企业模式，正在探索一条别人没有走过的路，所以非常艰难。”

众所周知，在过去的10年里，张瑞敏带领海尔进入了漫长而又艰辛的转型期，过程中从不缺少质疑声：比起格力、美的近年来的快速发展，“海尔10年间只增长了1000亿元”经常被拿来作为海尔衰落的证明；2015年，关于海尔裁员的系列新闻更是迅速抢占了各大门户的头条。

孵化212个小微企业

2015年是海尔集团探索“人单合一”模式的十周年。2005年9月，作为中国民族工业的代表，海尔创新性地提出了“人单合一”模式。2012年年底，海尔宣布正式进入网络化战略阶段，向平台型企业转型。

1. 三大板块

从具体战略上看，海尔分成了三大板块：互联网+工业、互联网+商业、互联网+金融。

海尔集团副总裁刁云峰曾表示，在传统工业制造领域的“互联网+”改造中，海尔将主要以青岛海尔作为载体；而在商贸领域，则是由香港上市公司海尔电器来承载。此外，海尔集团底下还有金融服务公司，未来不排除拆分上市的可能。

2. 海尔“三化”

2014年，海尔进一步提出“企业平台化、员工创客化、用户个性化”的“三化”战略主题，全面推动平台企业的转型和落地。

在张瑞敏看来，2.0版本的“人单合一”模式体现在“三化”上。在2.0阶段，海尔要做的除了颠覆原有的传统模式以外，还要建立“共创共赢”的新模式。

海尔认为，企业平台化对应的是企业的互联网思维，即企业无边界；员工创客化对应的是员工的价值体现，员工成为自主创业的创新者；用户个性化对应着企业的互联网宗旨，即创造用户全流程最佳体验。简单地理解，前两个分别是针对企业和员工的转型，第三个是针对用户意识的改变。

3. 自主经营体

海尔内部出现了上千个自主经营体，并开始了一场内部的“竞赛运动”。当中，除了有诸如雷神游戏笔记本、巨商汇等广为人知的成功样本以外，也有不少自主经营体因为无法通过市场考验而最终被淘汰。据统计，截至2014年年底，在海尔集团2000多个自主经营体中，最终有212个成功孵化为小微企业。

“与其被人杀掉，还不如自杀。”海尔小家电跨境综合服务平台总经理杨华如此形容海尔目前正进行的改革。海尔无线小微公司CEO李标透露，这种自创业的过程十分艰辛。

海尔平台的建立

1. 给小微主“断奶”

2015年9月，海尔进行了一项大胆的改革，取消了员工的薪酬制。张瑞敏称之为“断奶”，而被取消薪酬的员工被称为“小微主”。

2. 海尔平台的模式

海尔期望用大平台套小平台，小平台培养出小微企业的方式，来丰富整个海尔生态圈。但是，不同于BAT（百度、阿里巴巴、腾讯）通过收购或战略投资来扩大生态范围，海尔倡导创客文化，鼓励员工利用海尔资源进行内部创业，成为生态圈中的一分子。张瑞敏希望海尔最终存在三类人：平台主、小微主和创客。

截至2015年7月，海尔共建立起21个平台。在这种模式下，海尔的角色已变成投资人，负责挑选潜力项目，然后与创业团队共同成立公司。而为了降低自身的运营风险，海尔通常以提供平台或资源的方式来入股，并提倡用户付薪或者资本驱动。

对于海尔来说，除了要面对旗下小微企业有可能倒闭的风险以外，还要对转型所带来的业绩损失有充分的心理准备。

3. 平台建立的艰难

大部分家电业人士都认为，海尔在转型过程中丢失的市场份额，使其处境更为不利。据了解，由于互联网转型更多的是强调与用户的沟通，因此海尔停掉了不少传统广告，再加上2015年家电业深度探底，海尔经销商做起来更加不容易。

此外，对于海尔一线的销售人员来说，不仅要在市场上与对手火拼，还要应付集团转型所带来的流程变化，工作亦十分辛苦。而且，虽然海尔是国内最大的家电集团，但其职业经理人的工资水平在业内顶多只能算是中等偏下。在海尔30周年内部大会上，张瑞敏也表示：“当下的转型让海尔面临巨大挑战，但我们承受的底线在哪里，这个一定要清楚。”海尔集团轮值总裁周云杰则预计，海尔转型“在3年后可看见较好的效果”。

相关链接》》

海尔人事巨变：中高层裁员超百人 员工人心惶惶

2005年9月20日，作为中国民族工业的代表，海尔创立了“人单合一”商业模式，10年后的2015年9月19日，张瑞敏穿着笔挺的深色西服再次出现在公众面前，以略带山东腔的口音详述着海尔近年来的巨变。

按照传统的观点，一个企业大致可用组织、营销、管理的三维坐标进行定位。可如今，当你走进这个全球最大的家电帝国后会发现，传统企业遵循的正三角形科层制架构被打破，西方盛行的线性固定管理流程被废除，最为常见的员工雇佣制被舍弃……

跟许多制造行业一样，家电业也正面临着规模制造的产品越多，销售的难度就越大，积压的库存就越多等难题，最后家电商只得降价促销，给品牌和利润带来巨大的伤害。

10年前，张瑞敏就看到了传统家电业的弊端所在，希望通过“人单合一”商业模式实现员工与用户的交互、企业与市场的对接，从而摆脱行业困局。可多年后，他却猛然发现，企业的规模越大、渠道越长，与用户的距离就越远，“企业与市场始终是分离的”。

为了达到真正的“人单合一”，近年来，张瑞敏把海尔作为实验室，推行了一场自我颠覆式的变革。尽管表面看上去整体规模依然庞大，还是以家电为核心产品，可如今人们最熟悉的海尔却已变得“面目全非”。

任何的企业变革，归根结底都是人的变革。在互联网风暴的冲击下，在企业不断自我颠覆和探索试错中，每个海尔员工都经历了一次痛苦的转型。

巨变

32岁的孙传滨原是青岛海尔洗衣机厂的一名员工，在这次变革中，他通过竞标抢单成为海尔免清洗洗衣机小微主（即创业团队负责人）。

传统企业是按照生产线性流程设置架构，如采购部、生产部、市场部。可如今，海尔内部却只有三类组织——平台、微商与创客。

传统企业先生产产品，再寻找顾客推销，孙传滨管理的小微却恰恰相反——先有用户再有产品。杨君是一位来自北京的海尔用户，当她把满是残垢的洗衣机内桶照片贴到用户群里，提出有没有专门给孩子使用的免清洗洗衣机时，竟得到了五六万名用户的响应。

这一建议被采纳后，通过546万人次参与的网络交互（交互即交流互动）和网络设计大赛，海尔从800多个解决方案中遴选出10个解决方案。在海尔洗衣机平台的公开竞争中，孙传滨成功竞标，成为免清洗洗衣机小微主，全权负责这款新产品的研发、生产和销售。

此前，作为传统企业的员工，孙传滨被海尔雇佣，由企业付薪，日常的主要工作是执行领导的决策与命令。可当他成为小微主后，一切全变了。如今，孙传滨是海尔的动态合伙人，海尔将经营权、用人权和分配权交给小微。作为回报，小微开发出的新产品，海尔占有一定股份。孙传滨团队的薪金不再由海尔发放，转实行用户付薪政策。

海尔免清洗用户小微共有四个创客，一人在网上广泛搜集用户信息，形成产品方案后，一人与设计小微联系研发，一人与线体小微联系生产，一人与营销小微联系网上销售和地面销售。他们是原来洗衣机厂的不同部门的员工，现在组成了一个独立核算的团队，进行自组织、自管理、自创业。

员工转变为创业者，身份变了，不得不面临着转型的痛苦。数十年来，员工被雇佣，由企业付薪，被培训为强有力的执行者。可如今员工们猛然发现，企业最需要他们具备的能力不是执行而是创业。

企业将权力交给小微主，权力大了，所须承担的责任压力与市场风险也随之倍增。传统企业实行岗位付薪政策，在哪个岗位就有多少薪酬。企业变革后却开始对平台主、小微主、创客进行“断奶”，实行用户付薪政策，即一切人员的收入来自市场。如果没有销售收入，海尔只给每个人发放月均2000元的基本薪酬，保证基本生活，如果连续挣不到钱便就地解散。

从衣食无忧的安稳工作到迈入充满风险的市场，孙传滨坦言，最初整个团队都深感压力巨大。产品能否顺利研发、能否被用户接受，团队能否完成业绩任务，这些都让他们一度陷入迷茫。事实上，孙传滨和他团队的创客们曾有2个月只拿到2000元的基本薪酬。

2014年6月底，这款与用户交互、一起研发的产品上市，半年销售量就高达20万台、销售额达7亿元，2015年预计销售100万台、销售额将达40亿元。据中怡康数据显示，免清洗洗衣机上市前一年，3000元以上洗衣机市场的总销量只有30多万台。这意味着，免清洗洗衣机上市一年的单品销量相当于洗衣机一个行业的年市场销量。

随着免清洗洗衣机上市热销，孙传滨团队也获得了超利分享薪酬。

阵痛

海尔从大规模制造向大规模定制转型，须有两个前提条件：其一，与用户交互，采集用户需求，使其从产品研发到制造全程参与；其二，打造柔性生产线，建设智能工厂，把用户纸上的创意变为现实的产品。

作为一家制造型企业，海尔的生产工人占企业人员总数的比重在70%以上，生产环节的变化同样巨大。从2012年起，海尔陆续在沈阳、郑州、青岛等地建成了多个智能工厂。可工厂越智能，用工的数量就越少。

侯守成原是海尔滚筒洗衣机厂中的筒体冲压设备操作员，原来整个筒体冲压车间一共90多人。当他抢单成功，成为青岛滚筒互联工厂的一名创客技师后，智能工厂中负责这一工序的就只剩下他一个人。

智能工厂对于留下的员工也有着更高的要求。侯守成的工作从工序的简单机械操作转为操控整条高端内筒线体自动化设备。在与新西兰专家的交流中，他学会了看设备图纸，记住了每个零部件的组装和维保重点，在设备故障时能对设备进行维修。同时，他还要对设备进行调试、维护保养、技术改进等。

在沈阳智能工厂，制造总监候庭毅向《经济观察报》记者介绍道，在传统冰箱工厂，将门壳搬下生产线、运至固定工位这一工序需二三十人，每个门壳二三十斤，每人每天要搬运1500个，劳动量巨大；在互联工厂，门壳与内胆、箱门与箱体被嵌入芯片，实现“物物互联”，完全由机器精准匹配、搬卸运输，完全不用一个人。整个互联工厂用工的数量不到相同规模传统工厂的一半。

达不到业绩指标的员工中，有些是没有订单的员工，有些是企业不再需要的工种。过去两年间，海尔累计裁掉了多达2.6万名员工，占总人数的近一半，其中包括大量中高层管理人员。因为在扁平化组织架构中，中高层管理人员往往没有用武之地。

近年来，一批与张瑞敏一起打江山的元老因各种原因相继离开海尔。其中，在海尔待了近20个年头的海尔集团原高级副总裁、青岛海尔原副总经理柴永森另谋高就；青岛海尔原董事喻子达、曹春华自2013年4月份起不再留任青岛海尔董事会；2014年，海尔中国区总经理靖长春也辞职离去。据不完全统计，仅在2014年上半年，海尔中高层的裁员数量已超过百人。

张瑞敏原本希望，“员工不再做生产线的附庸，成为自己的CEO”，帮助每一个员工迅速孵化，让员工从内部破壳而出。可事实上，多数人从执行者转向创业者却并非朝夕之功。

一位海尔老员工回忆道，过去两年中，留下的海尔员工人心惶惶，要么担心被裁掉，要么担心业绩完不成。由于取消了雇佣制，海尔不与员工签订任何劳动合同。小微团队创业后，员工还与原来在海尔上班基本一样，但却成了海尔的业务关联方，有些人只能与第三方劳务公司签约，让人找不到过去的归属感与安全感。

组织颠覆、人员裁撤本已招致诸多非议，由此引发的业绩下滑更是把海尔推向了质疑的风口浪尖。2010年，海尔集团实现的营业收入和盈利分别是1357亿元、62亿元。当年，美的集团营业收入突破1000亿元，净利润为31.27亿元；格力电器实现总收入608.07亿元，净利润为42.76亿元。可到了2013年，海尔集团实现总营业收入约1800亿元，但净利润却仅有61亿元，被老对手格力（108亿元）和美的（73亿元）反超。

一时间，“海尔不行了”的言论甚嚣尘上。身处舆论的漩涡，张瑞敏把自己的境地比作变法中的王安石。那句“天变不足畏，祖宗不足法，人言不足恤”，也成了这位变革中的CEO留给自己的安慰。

探索

企业的变革归根结底是人的变革。尽管组织、营销、管理可以一夜之间变换，但人的转型却是一个漫长而痛苦的过程。

这种痛苦，对于董事局主席张瑞敏来说，不仅来自于外部的质疑和非议，更来自于要亲手把自己花费数十年心血建立起来的整个管理体系完全颠覆。

多年来，张瑞敏按照西方管理体系搭建起的正三角形科层制组织架构，海尔仿照GE（美国通用电器公司）建立起的200多项固定管理流程，企业培育出的强有力的执行团队……正如张瑞敏所言，“原来成功的做法现在都要摒弃掉”，而这些恰恰是过去10年间支撑海尔帝国的基石与支柱，恰恰是为海尔赢得无数信徒顶礼膜拜的光环所在，恰恰是张瑞敏内心引以为傲的东西……

所幸，如今海尔有望走出最为剧烈的阵痛期。海尔通过与用户交互，创造出雷神游戏本、无油压缩机冰箱、智能烤箱等一系列全新的商品。截至2015年7月，海尔共建立起21个平台，200多个小微，77%的小微年销售额过亿元，而每个小微团队的核心成员只有7～8人。这让张瑞敏能更加坦然地面对公众，更加有底气地讲述过去发生在海尔的种种动荡与阵痛。

不过，海尔的变革毕竟刚刚开始。在毫无经验可寻的“无人区”中探索创新的孤独与迷茫，仍然不时写在这位传奇CEO的脸上。

“20世纪80年代，我们学日本的精益管理，之后学美国GE。”一直以来，张瑞敏都在为海尔的发展寻访良师。可如今，对比近年来海尔推行的变革，现实中却无法找到相近的案例；翻遍了全球知名学者和机构的论著，也无法寻得现成的良方。

相关链接》》

张瑞敏：制造业的敌人不是电商

（2015年8月20日，张瑞敏在山东省“互联网+制造”现场会议上，分享了他对“互联网+”相关议题的看法，以下是讲话内容节选。）

“互联网+制造”，这个议题是目前所有传统制造业转型中的一个重要议题。德国提出了工业4.0，美国随后提出先进制造业，把先进制造业作为美国的国家战略，中国提出“中国制造2025”，所有这一切都说明，如果制造业不能互联网化，就没有出路。

海尔把“互联网+制造”具体化，即互联工厂。互联工厂不是一间工厂的转型，而把整个企业的全系统全流程颠覆掉。最近，哈佛商学院把海尔写进案例中，受到哈佛师生的好评。并不是我们做得多么好，而是因为这是一个方向。在这个方向上，全世界大企业都在探索转型。

在这方面其实还没有真正做得好的企业，我们也没有做好，只是处在探索过程当中。不能把互联工厂局限地看作是一间工厂，特别是不能说是“机器换人”，或者“智能工厂”，这不是目标，重要的是全系统的颠覆。

原来我们有很多顾客，我们内部有一句话叫作“付款就是销售的结束”。顾客给你付款，之后就和你没有关系了。

但顾客和用户是不一样的，现在，付款应该是销售的开始。有了付款就有可以跟用户联系的信息。在这个过程中，用户不只是买你的东西，而是参与你的前端设计。要做到这一点，工厂就要改变，变成互联工厂来满足用户的个性化需求。

所以工厂必须先变成“黑灯工厂”。我们现在有四个工厂可以变成“黑灯工厂”，没有电灯，不需要取暖设备，里面根本没有人。满足了用户的个性化需求之后，需要的是虚拟设计，再加上智能化制造，这时候就不需要你在车间里头进行人工导入了。

我们收购新西兰的斐雪派克，在青岛建立一个完全自动的电梯厂。但是它的设计在新西兰进行，设计通过网络传过来，生产线接收设计信息后完成制造。

现在用户提出个性化需求，企业先制造产品，再把从设计到制造和包装的情况全发到用户的手机上。有人把这叫作“透明工厂”，说得很形象。现在个性化定制的量还不大，当有10万个用户提出10万个需求，我们要做的不是生产10万个不同的产品，而是通过与用户交互，最后生产一个可以满足大多用户需求的产品。哪怕是新产品也没有关系。

所以德国人提出，工业4.0要有一个检测的标准，并不是说自动化程度高就行，这个检测标准就是“两维战略”，分为纵横两个维度。第一个维度是企业价值，企业提高效率之后，财务报表到底可以提升多少？第二个维度是从上游到下游，全价值链都要获得收益。

我们现在把这两个维度改了一下，企业价值维度没有问题，效率高自然效益就高，但是我们把全价值链都要获得收益改成了用户个性化价值。

体现不了用户的个性化价值，互联工厂就没有用。

每个互联工厂最后的目标一定是自产自销。也就是用户提出需求之后，马上就制造。有人说真正实现互联工厂，可能就电商就被颠覆了，因为我不需要再经过电商这一道程序，工厂直接就实现销售了。这是不是终极目标？我认为不是。

终极目标其实就应该是杰里米·里夫金在《零边际成本社会》中写的那样，将来互联网发展会带来协同共享的共享经济。每个人都是产销者，比如家里用太阳能发电，然后将电能输送上电网，我既是生产者也是消费者。

经济学告诉我们没有交换就没有价值，我们要交换才有价值。但互联网发展到后期，这个理论就会被颠覆。到那个时候，人们追求的将是共享价值。

……

第二节 海尔的网络营销

海尔的网络营销基础

随着网络经济时代的到来，企业如何发展是个迫切的问题。海尔从1999年4月就开始了“三个方向的转移”，如下图所示。

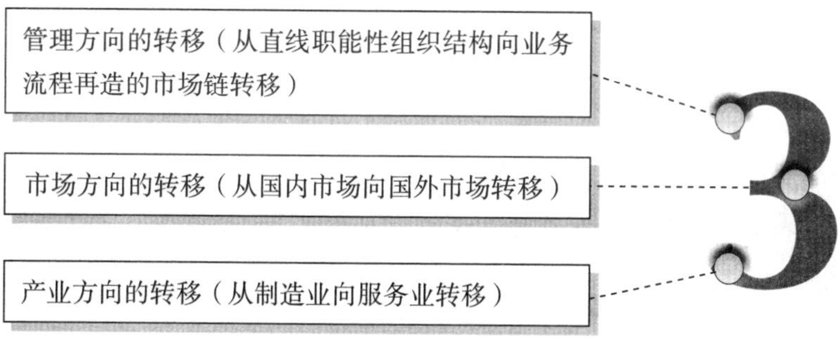

三个方向的转移

这些都为海尔开展网络营销奠定了必要的基础。

海尔的网络营销模式

1. 海尔的网络营销公司

2000年3月10日，海尔投资成立网络营销有限公司。2000年4月18日海尔网络营销平台开始试运行，6月份正式运营。截至2000年12月31日，海尔的B2B的采购额已达到77.8亿元，B2C的销售额已达到608万元。

海尔网络营销平台成了有鲜明个性和特点的垂直门户网站，通过网络营销手段更进一步地增强了海尔在家电领域的竞争优势。

2. 拉动销售模式

海尔网络营销从两个重要的方面促进了新经济的模式运作的变化。B2B的网络营销能够促使外部供应链取代自己的部分制造业务。B2C的网络营销则促进了企业与消费者的继续深化的交流，这种交流全方位地提升了海尔的品牌价值。

3. 个性化

海尔网络营销最大的特点就是个性化。海尔在内部提出了与客户之间零距离接触的目标，而此前客户的选择余地是有限的，这对厂家有利，而网络化后，用户要定制他自己的产品，这并不是所有企业都能做到的。

要做到与客户之间零距离接触，不能忽视商家的作用，因为商家最了解客户需要什么样的商品。要与客户之间零距离接触，就要与商家之间零距离接触，让商家代替客户来定制产品。B2B2C（B2B2C中B是Business，C是Customer，第一个B指的是商品或服务的供应商，第二个B指的是从事电子商务的企业，C表示消费者）的模式符合实际情况，海尔也培养了一大批海尔产品用户的设计师。

海尔实施网络营销的优势

张瑞敏提出海尔实施网络营销靠的是“一名两网”的优势：“名”是名牌，品牌的知名度和顾客的忠诚度是海尔的显著优势；“两网”是指海尔的销售网络和支付网络。海尔遍布全球的销售网络以及与银行之间的支付网络，是解决网络营销的两个难题的方法。

海尔的微博营销

1. 海尔君是谁

作为网络营销的一部分，微博营销一直是企业营销中的重点，但是在微博影响力式微的当下，如何才能做好微博营销呢?

这点，海尔君就做得非常好。海尔君是海尔的官方微博账号的昵称。

海尔官方微博截图

2. 买不起房

2016年10月，王健林在万达商学院上课时讲道：“我在当年总结会上讲过，我们这个事例，比海尔砸冰箱那个事例伟大多了，砸20多台冰箱才几个钱啊？（编者注：实际上砸了76台。）我们砸了350多个商铺啊，对不对？砸了6亿多元，但是这个赔的不是6亿多元，赔的是10亿多元。而且在2008年年初开始退赔，遇到金融危机，非常困难……”

对此，海尔官方微博进行了回应：“我还真没有好好算过在车间工人三年工资还买不来一台冰箱的1985年，张瑞敏砸的76台冰箱对当初几乎发不出工资的海尔意味着什么。但我知道现在身为官博君（海尔官方微博的自称）的我为什么买不起房了。”

海尔官方微博的回应

3. 八十万官微总教头

海尔的回复也引来了各大企业官方微博的回复。据不完全统计，海尔回应王健林事件中，百度、360、网易、联想、滴滴、高德地图、魅族科技、锤子科技、小米、华硕等共计1000多家企业官微参与留言评论。

自此，海尔君多了“八十万官微总教头”的称号。海尔君与各企业官微间的互动交流是一个长期耕耘的过程。不断地互动，为这次回应王健林事件奠定了强大的企业官微基础，也为海尔积攒了一批忠实的粉丝。企业官微间的良性互动，是企业间进行异业资源整合及资源置换的有效出口。在这一次次互动中，企业蓝V的活跃度和热度都在持续走高，为长期被营销号及八卦占领的微博热门带来了不同于以往的“官微清流”。

所谓“八十万官微总教头”，并非说海尔官微在众多企业官微中是一枝独秀，而是说在企业官微的资源整合上，海尔拔得头筹。在充当一个引导者的同时，海尔官微更是一个协作者。只有做到如此，才不愧于“八十万官微总教头”之称。

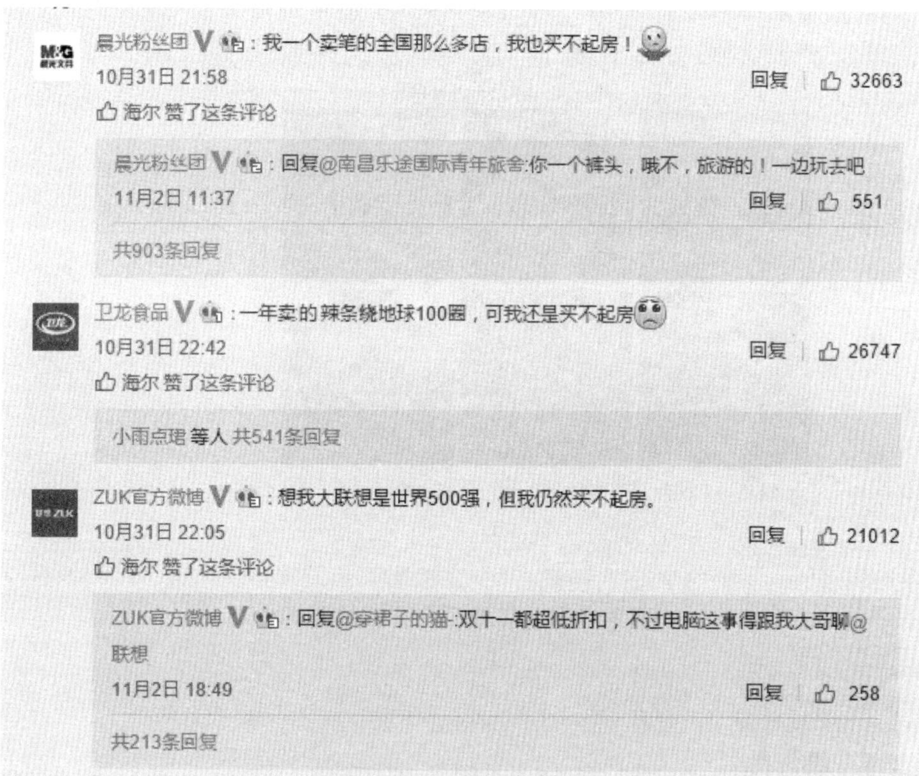

各官微的回复首页截图

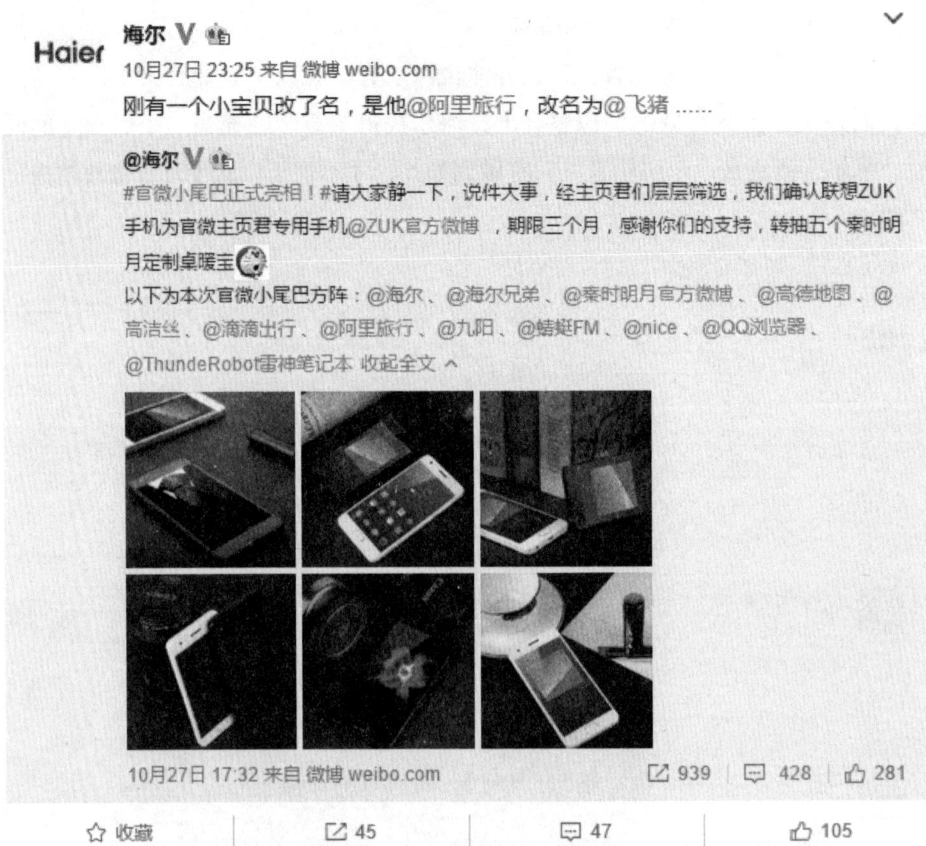

海尔官微与其他企业官微的互动

4. 蹭热度

海尔官微非常善于抓住机会，比如2016年12月6日，明星罗晋与唐嫣公布恋情，结果海尔上了热搜。

海尔官微转发罗晋微博

相关链接》》

“制造业正站在一个十字路口上”——与张瑞敏面对面

从32年前一家濒临倒闭的集体小厂，到全球白色家电第一品牌；从不断创新求变，到11年来向互联网平台企业转型……解码“青岛制造”，海尔成为一个无法回避的巨大存在。

从一位普通的企业负责人成长为全球知名的企业管理思想家，执掌海尔航向的张瑞敏，对“青岛制造”“中国制造”有着怎样的理解？如果说海尔过去是制造产品、服务，那么今天究竟在制造什么？“中国制造”的未来在哪里？带着一系列问题，新华社记者走进海尔集团，和海尔集团董事局主席兼首席执行官张瑞敏面对面。

互联网时代：企业要么拥有平台，要么被平台拥有

问：我们走进青岛，想以“青岛制造”解码“中国制造”的现状和未来，您怎么看“海尔制造”“青岛制造”乃至“中国制造”？

答：制造业正站在一个十字路口上。现在已经是互联网时代，中国制造业到底能不能真正在这个时代做起来真的很难说。在互联网时代，不仅要看名牌，更关键的是要看企业怎么转型。过去我们以日本企业为师，现在日本不少大企业遇到了非常大的困难，不是制造不行了，而是因为它们和互联网脱节了。

传统时代制造业的现状是：企业要么成为名牌企业，要么成为名牌企业代工厂。但到了互联网时代，企业要么拥有平台，要么被平台拥有。名牌和平台的最大区别在于，名牌是以企业为中心来管理客户，平台则是以消费者为中心来管理企业。

制造业企业的最大问题，是怎样尽快转型为互联网企业

问：究竟什么是互联网企业？

答：互联网企业说到底就是要连上用户，比如我们的互联工厂说白了就是产品出厂前就知道是送给谁的，不再进仓库。比如我们兼并的日本三洋电机的白电业务，质量无懈可击，为什么不行了？重要原因之一就是互联网要求企业要和用户连起来，换句话说就是用户要参与企业的前端设计。过去的开发是瀑布式的，是直线的，现在一定是迭代式的，只要用户有需求就要推出产品，然后再不断迭代。

对中国制造业来讲，现在面临的最大问题就是转型——怎样尽快转型为互联网企业。我们自己就在苦苦探索。

对企业“支持不干预”

问：青岛是有名的品牌之都，原因何在？

答：青岛出了那么多名牌，有两个原因：一是赶上了改革开放的机遇，解放了生产力，很多企业千方百计提升质量、做大品牌。二是地方政府对企业的态度很清楚，就是5个字：“支持不干预。”政府只给你提供资源、支持，不是把什么都给你管死。

没有哪个百年企业不是“自杀重生”的

问：您曾说，海尔正在创造一个让中国人民自豪的国际名牌，做到了吗？

答：我们的观念就是四个字："自以为非。"我从来不认为自己成功了，像管理大师彼得·德鲁克所说："根本没有成功这回事儿，所有的成功只不过是我们用以自鉴的镜像。"

为什么这样？原因就在于这个时代变化太快。过去，海尔的企业文化就是执行力特强，集团定下什么事儿，各级员工会以最快速度办成。现在向互联网企业转型，企业文化要变成创业文化，完全不一样，所以很多人都没法适应，一些人离开了。

互联网时代的企业管理是非线性的，用户需求是变化的，挑战非常大。所以我说，没有哪个百年企业不是"自杀重生"的，有的可能都"自杀"过很多次。

谈转型：海尔出现了相当长时间的混乱

问：您16年前曾说，不触网，就死亡，之后海尔相继向互联网企业、互联网平台企业转型。期间您经历了怎样的心路历程？

答：2000年我参加瑞士达沃斯论坛，主题是"让我们战胜满足感"。当时我不太清楚为什么要战胜满足感？后来参加会议，慢慢发现是因为互联网带来了巨大挑战，所以就提出不触网，就死亡。

2005年，我们提出"人单合一"，就是让每个人面对用户，而不是企业把什么东西都定下来后再去做。在这一过程中，海尔出现了相当长时间的混乱，因为原来的组织结构还在那儿，又成立了一个个新团队，相互交叉，一段时间内海尔的人员增加了，效率也慢了。一直到2013年把中间管理层那1万多人去掉，当时社会上有很多质疑，加上营业收入也不怎么增长了，质疑就更多了。但是很多人没有注意到，海尔的营业收入虽然没有增长甚至出现一些下降，但利润一直增长很快，到今年连续9年都实现利润增长。

制造业现在面临一个彻底颠覆的局面

问：大企业很难互联网化？

答：制造业现在面临一个彻底颠覆的局面。原来经典管理理论有三个：一是泰勒的科学管理理论，就是今天的流水线；二是马克斯·韦伯的科层制，形成了今天企业的金字塔组织形式；三是法约尔的一般管理理论，形成了企业的管理职能部门布局。

今天再看，流水线适应不了个性化趋势，科层制适应不了去中心化，一般管理理论不符合互联网时代零距离的需要。这三个理论今天已经不太适用，或者说要改变。

我采购的不是钢板，是解决方案

问：说起互联工厂，有的海尔员工也不太懂，怎么让员工跟上您的思维？

答：这种现象确实存在，原因在于我们不断转型。第一步，先要建成一个没有人的“黑灯工厂”；第二步，把各种资源整合进来，建互联工厂。举个例子，海尔不再从宝钢采购钢板，转为宝钢、鞍钢进入海尔生态圈，谁提的解决方案最好就用谁的。我采购的不是钢板，是解决方案。所以，“互联网一切皆服务”是对的。互联工厂折腾得差不多了，现在又研究怎么样使产品不再进仓库。

我们一步步往前走，达到一个目标后又要往前走，不断地改，所以有人会觉得挺迷茫。

一定会有后电商时代，而且重点一定是场景商务

问：不到半小时，您提到互联网已有二三十次，可能有些人跟不上这种颠覆时代的互联网思维。

答：互联网的颠覆确实太厉害。现在我就担心自己能不能跟上。我感觉真是很可怕。

你看互联网发展有多快——桌面互联网解决了信息不对称，实现了信息零距离，带来了去中心化：谁都是领导谁都是头。员工想当头，我干脆让你当创客。移动互联网解决了速度问题，才有电商的蓬勃发展。我认为一定会有后电商时代，而且重点一定是场景商务。

特别值得关注的是物联网，从国际上提出来到今天已经有9年了，物联网到现在还没有引爆（引爆指使之轰动，在此指物联网现在还没有爆发或发展），为什么？就是没有场景商务。电子商务是让人在电商平台上挑选适合自己的东西，场景商务则是不用你动，我就给你提供服务。

到底我们可不可以成为世界上第一家引爆物联网的公司

问：场景商务和制造业有什么关系？

答：场景商务一定会到来，这将是对制造业的最大挑战。

这还真不是危言耸听，我始终觉得是在跟时间赛跑，到底我们能不能成为世界上第一家引爆物联网的公司？如果能，不光海尔，就连中国制造业也将在一个新的、大的起跑线上腾飞；如果不能，被某一个外国公司引爆，就会是我说的“你不拥有平台就被平台拥有”。

海尔提出一个目标：把所有电器变成网器，再变成网站（指用户可以通过网器交流），才能跟用户交互。我个人觉得，中国制造业如果找不到这个出路，会很危险。

赔也是从自己口袋里掏钱赔

问：前进路上您认为还需要克服哪些障碍？

答：我几乎跑遍世界，还没有大企业这么做：扁平化、去中心化，彻底打破层级，人人都是创客，实行抢单制。传统时代，没人说风险共担，利益共享。现在不行，必须变。

举例说，海尔原来有一个1000多人的部门，专门给跑市场的人做评价，效果并不显著。后来这1000多人全去掉，和用户零距离接触。比方说物流配送原来要费劲了解用户的反应，现在不需要了，如果你没有按时送到，所有的货不要钱，谁造成损失谁来赔。不是由你来评价，而是由用户来评价，赔也是从自己口袋里掏钱赔，原来互相推诿的风气一下子化解了。

创业是什么？就是从悬崖上跳下来，在落地之前，组装好一架飞机

问：对这些创业小微，您有什么建议？

答：创业是什么？就是从悬崖上跳下来，在落地之前，组装好一架飞机，然后驾驶着这架飞机向新的方向飞去。不逼到绝路，谁愿意创业？风险太大，从天使基金到A轮融资，再从A轮融资到IPO（Lnitial Public Offenings的简称），成功率只有千分之一。

创业思维是归纳推理，前提和结论不一定一致，但传统经济一定是演绎推理，前提和结论一致。一间工厂产品卖得好，那就再盖一间工厂，能挣多少钱都能算出来。创业不是这样，也许你看得很准，可能因为最后一个时间点没有抓住，就失败了。所以创业要求在正确时间正确地点做正确的事儿，可哪能都这么正确？

张瑞敏的小目标：当年是让大家吃上饭，今天是做成“人单合一”

问：创业者都有一个小目标。您当年进海尔时的小目标是什么？现在的小目标又是什么？

答：当年的小目标就是叫大家吃上饭。我来海尔后连续半年出去借钱开工资，幸亏那时每个人的工资就50来元钱，800人也就5万元钱。记得到一个大队书记家里，书记说倒白酒，喝上5杯，1杯1万元，喝不喝？喝，就成了。

任何一个小目标，如果没有方向指引，就会偏离。虽然当时很困难，但还是想产品一定要对得起消费者，所以才有了砸冰箱的事。就是再穷，也不能让这么差的产品出厂！

海尔每个阶段都有不同的目标，方向非常清楚。现在就是要做成“人单合一”，每个员工都要变成创业者。或者说，让有志于创业的人都聚集到海尔平台上来，这就是我现在的小目标。

过去砸的是冰箱，现在砸的是组织

问：刚才说到砸冰箱，现在回想几十年前那一刻，应该很难下决心吧？

答：确实很难！难就难在不知道砸完后到底会带来什么效果。海尔是集体所有制企业，国家不给分配大学生，人员素质相对较低，当时希望砸一下，起到震慑效应，但心里没有底，到底这些人会不会接受呢？当时买一台冰箱，不吃不喝要花一个人两年的工资，我们说得很实在：“要是你父母和家人买回去了，你会觉得怎么样？用户是大家的衣食父母，必须认真对待。”

问：那时砸的是冰箱，现在砸的是啥？

答：现在砸的是组织，就是取消科层制。2015年在维也纳我讲这个时，外国企业家讨论得很热烈，觉得不可思议：把科层制去掉了，企业还怎么管理？员工听谁的？过去每个人有那么多上级，但现在没有了，因为所有组织一定会变成自组织，自组织是没有领导的。德鲁克生前有一个预言：企业一定会消亡。

企业一定不要成为王国、帝国，一定要成为生态系统

问：那企业将来会是什么？

答：都会变成自组织。所以海尔现在要建设自组织、互联网带来的网络化组织，全球都可以连上。

凯文·凯利（世界知名互联网观察者）上次来海尔待了两天，提出一个建议，说海尔在传统企业领域已经做得很好了，但是一定要变成互联网企业。

凯文·凯利说，所有的企业都难逃一死，所有的城市都近乎不朽。为什么？因为企业不是生态系统，但城市是生态系统。比如这个城市有一条街道，垮了一个商铺，新商铺又来了，这条街垮不了。但是企业不行。所以我现在想能不能把企业变成一个生态系统？过去说企业大不易倒，现在如果不变成生态系统，我看是谁越大谁越容易倒。

个性化定制是最主要的指标，我最看重这个目标

问：说海尔转型初见成效，互联工厂提高了效率，是这样吗？

答：不是方向，是在探索方向。效果还需要进一步体现，因为现在个性化定制还不是太多，大概只占全部产品的10%。从2005年提出“人单合一”到现在已经10多年了，至少大家的观念改过来了，从上到下大家都接受这个观念，这是最大的收获。

个性化定制是最主要的指标，我最看重这个目标。有一点像国外所说的真正做到产销合一，消费者是制造者也是设计者。

一切皆服务，无论怎样搞，一定要连上用户

问：您说互联工厂的用户数据还不是很多，原因是什么？

答：原因是全社会的社群（社群用来表示一个有相互关系的网络）用户体验没有做起来，用户不是非常感兴趣。没有用户和社群，等于无源之水、无本之木，所以我们在加快发展一个个社群。

问：德国在提出工业4.0后，又提出智能服务世界，您怎么看？

答：德国人、美国人搞的这些，我们都接触过。一切皆服务，无论怎样搞，都一定要连上用户。没有连上用户，充其量只是机器换人。

希望这里每个人都能成为自己的CEO

问：您20多年来不断颠覆，是什么样的动力推动的？您的梦想是什么？

答：成功没有止境。别人看你可能成功了，而事实上只不过完成一个阶段而已，还要不断往前走。

我自己的梦想，就是希望这里每个人都能成为自己的CEO，每个人都能够成功，都有自己的价值。

问：谁是张瑞敏的接班人？

答：很多人老在问接班人的事情。现在海尔平台上有2000多个小微，每个成功的小微如果能持续成功，不就是“张瑞敏”了嘛？

30多年的人生启示："活在当下"

问：从1984年接手工厂到现在，30多年里您获得哪些启示和经验?

答（略做思考）：如果真要说的话，就是4个字，"活在当下"。不要想昨天怎么成功，昨天已经过去了，要多想明天，因为那还没到来。要踏踏实实把今天该做的事儿先做好，不要浮躁。

有大学校长请我去讲课，学生一提问就是明天怎么能成为富翁，这怎么行?

要换道超车，而不是弯道超车

问：怎么看制造强国梦?

答：我们要换道超车，而不是弯道超车。现在"中国制造"面临着非常好的机遇：大家都处在同一起跑线上，关键是怎样抓住机遇，从"中国制造"的引领者变成物联网的引领者。

物联网不再以企业为中心，而是以用户为中心。国际上预测到2019年就会引爆物联网，我不知道依据是什么，如果是这样，留给中国企业的时间就只有3年。3年内要能引爆，就走到了世界前面。

一年100多本书

问：您一年看多少本书？最近看什么?

答：一年100多本。最近在看卡斯写的《有限与无限的游戏》，这本书非常好，1987年写的，到现在近30年了，长盛不衰。我看了，也觉得非常好。

问：要跟上您的互联网思维，最好看哪一本书?

答：很多人写的书都很好。像拉里·唐斯的《大爆炸式创新》，凯文·凯利写的《失控》《必然》，里夫金写的《零边际成本社会》《同理心文明》。

问：《必然》中有句话写得特别好，我们正站在开始的时刻。对海尔来说，也是这样吗?

答：对！我们大家都站在一个开始的时刻。

……………………………………………………………………

第七章
海尔的新模式

导言：

在互联网时代，海尔企业平台化颠覆的目标：一是要从科层管控转变为创客平台；二是要把企业的宗旨从追求长期利润最大化改变为追求成为小微的股东之一。

第一节　海尔互联工厂

自从德国工业4.0概念横空出世后，特别是2015年两会期间李克强总理提出“中国制造2025”这一中国版的工业4.0概念后，工业4.0的概念迅速火爆起来。

在2015年10月16日举办的2015世界互联网工业大会期间，与会重要嘉宾参观了海尔在胶州的互联工厂，也让更多的人了解了海尔互联工厂。

什么是互联工厂

那么什么是互联工厂呢?

正如张瑞敏在这次大会做主旨演讲时所说的：“互联工厂是：有思路，解决了‘两维战略’；有体系，形成了生态圈和用户圈的融合；有目标，从自产自销到产销合一。这样的制造工厂才能够称得上是互联工厂。”

张瑞敏在诠释海尔互联工厂时明确表示：“我们在转型过程中的思想依据或思维模式是什么？就是‘黄金圈法则’。”张瑞敏详细介绍了“黄金圈法则”在海尔转型过程中的三点启示：“第一个启示：自内向外的思维而非自外向内的思维；第二个启示：三个同心圆（是什么？为什么？怎么做？）有一个逻辑关系；第三个启示：以‘为什么’（Why）为主旨的闭环优化”。

海尔互联工厂的特点

海尔互联工厂最显著的特点就是用户可以通过视频查看生产过程。下页图为海尔互联工厂页面截图，显示的便是产品的生产过程。

海尔互联工厂页面截图

互联工厂的定制模式

海尔互联工厂主要有三种定制模式：众创汇定制、专属定制、模块定制。专属定制和模块定制以众创汇定制为基础。

众创汇诞生于2015年3月，海尔集团在上海家博会期间对外公布了工业4.0战略的实践，并同时上线了用户交互定制平台众创汇。2015年11月2日，众创汇体验升级版上线。

汇聚智慧是众创汇的基因，众创汇的生命力在于能将众多想法汇聚起来，并且在产品诞生之前就经历用户和市场的筛选。

专属定制相关资料

海尔互联工厂的意义

海尔立足于智慧家庭领域的转型升级，实现了从硬件到网器再到生态圈的转变，最大限度地满足用户的个性化智慧需求。这种转型升级对家电领域，甚至对整个制造业领域，都具有重要的示范和借鉴意义，主要表现在三个方面，如下图所示。

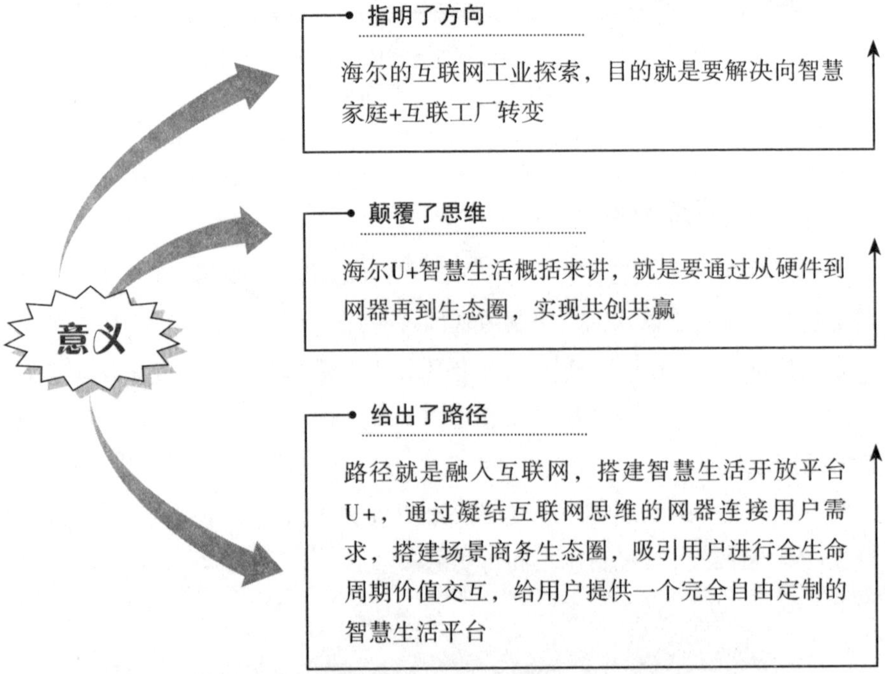

海尔互联工厂的意义

相关链接》》

海尔互联工厂：智能制造的中国探索

（以下内容节选自工业和信息化部部长苗圩在2016国家制造强国建设专家论坛上的讲话。）

推进制造业和互联网深度融合，化解供需结构错配的矛盾，一是要加快实施智能制造工程，二是要发展个性化定制、网络化制造等新型制造模式。重点是支持企业利用互联网来解决市场供需信息不对称的问题，使生产系统与供应链系统、电子交易系统实现对接，实施零库存、零浪费的精准供给。

2016年国办专门发了42号文，鼓励制造业大企业建立基于互联网的开放式双创平台。海尔的探索实践就是一个典型案例，它把一个宝塔式的多层级管理机构真正变成了扁平化管理体系，建立起若干个微创新中心，除了依靠内部员工治理能力以外，还充分积聚社会资源乃至全球资源，为企业发展贡献聪明才智。

有人说，互联网的颠覆式创新加上制造业的坚实基础，产业升级势不可当。但即使是像海尔这样的“创新之路”两度被写进哈佛商学院案例库的“国际范本”，也不得不承认在没有前车之鉴的探索中，一度“走得很艰难”。

2016年9月9日，张瑞敏应邀出席2016国家制造强国建设专家论坛，来去匆匆。会上，谈到这些年的奋斗与探索，他完全脱稿、挥洒自如，有感而发的内容是海尔多年来的积累沉淀。

张瑞敏坦言，海尔一直在思索，“互联网时代，中国制造业企业可不可以闯出一条引领世界制造业发展方向的管理理论和管理模式之路”。这也是他们能够坚持至今的最大动力。

十多年来，海尔以一种坚毅的姿态屹立于民族企业之林。“全世界的大企业，现在都面临着一个困惑，那就是‘到底往哪儿去’。美国最著名的管理学家加里·哈默尔告诉我：‘我遍访全世界，进行管理模式创新的只有小企业，大企业一个没有。’”张瑞敏说。就连著名财经作家吴晓波也不得不佩服地表示，“1949年出生的张瑞敏也许是他那一代企业家中最勇敢的一位”。

互联工厂：制造业未来变革核心

海尔布局互联工厂，表面上看只是简单的“机器换人”，但却体现着海尔对于工业4.0，或者说对智能制造的深刻理解。智能制造的“智能”不仅体现在产品本身，更体现在对于用户需求的把握。

“机器换人是手段不是目的。机器换人如果换成功了，充其量只是工业3.0。因为它只解决了一个问题——高效率，但它解决不了另外一个问题——高精度。”张瑞敏说。

互联工厂借助前期交互平台实现与终端用户需求的无缝对接，并通过开放平台整合全球资源，迅速响应用户的个性化需求。从原来为库存生产转变成为用户个性化而创造，让用户从“消费者”变成生产和消费合一的“产消者”。

这种思维运用在智能制造领域，则孕育出了全新的生产模式，即定制化。对于家电企业来说，定制化不是一个容易实现的目标。一是因为定制化家电生产成本过高，二则也是因为国内定制化市场尚未成熟。但海尔却做了“第一个吃螃蟹的人”，开启了由大规模制造向大规模定制转型的道路，并将用户、研发资源、供应商和创客整合到一个共创共赢生态圈中。

家电产业问题专家罗清启认为，“互联工厂”这一创新模式正是全球制造企业未来变革的核心。

生产标准：融入全球并引领全球

有人说，2014—2015年是海尔探索智能制造的破局之年。那么，2016年就是其探索的积累沉淀之年。

2016年2月，中国家电行业第一家工业智能研究院在海尔成立，工业智能研究院将在海尔互联工厂模式创新的基础之上，对外输出智能制造的核心标准和模式，加速整个制造业的转型升级。2016年3月，海尔又在上海家电博览会上正式对外发布COSMO平台。

未来，海尔的智能制造之路将围绕着工业智能研究院、COSMO平台和标准化三大领域展开探索。其中，互联工厂和COSMO提供的是创新模式，而智能研究院能为全球企业提供智能制造解决方案，并使海尔平台具备从设计研发、生产制造到产品输出的全流程服务能力。

如今，海尔正在下大力气对软性制造进行开发，致力于将COSMO打造成代表中国智能制造的云平台，通过协同创新的方式让全球资源为用户所用，任何企业都可以根据自身需要、随时随地调用云平台中的模块。

正如张瑞敏所言，海尔将标准化的引领视为自身智能制造之路的终极目标。智能制造走向标准化能够更加有效地把握用户需求，推动全行业提升产品质量、优化用户体验，进而加速制造业的互联网转型，进一步激活传统产业的创新活力。

第二节　海尔的平台

海尔创客实验室

1. 创客实验室简介

海尔创客实验室是开放、共享的创客交互平台，秉承“相信一切创新力量”的价值观，促进新生代创客的联结互动，并聚合产业力量，让创新生态体系中的创客、企业、众创空间、创投机构、供应链及全网营销渠道等资源数据在平台上进行开放式分享与对接，全方位支持创新创业，帮助新生代创客将创意变为现实。

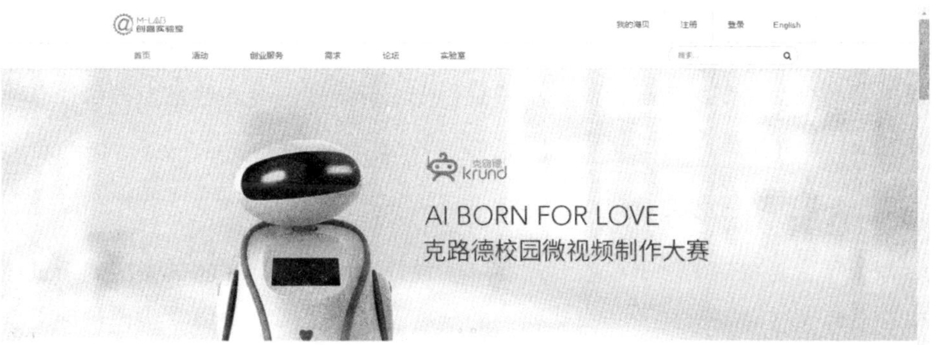

海尔创客实验室页面截图

2. 线下实验室

线下实验室是创客实验室联合各省市高校共同搭建的线下新生代创客学习、活动平台，是一个可以让高校学生的创造力得到无限发挥的地方。为不断发掘、培养高校学生的创新能力，创客实验室定期组织各地线下实验室举办理论培训、拆机活动、项目创新等多维度活动，并持续为线下实验室提供相关资源和专项资金。通过各类活动，创客实验室帮助高校提升学生的创新力、创造力，帮助大学生实现创新创业从0到1的突破。

3. 入选创客实验室

据了解，让品牌年轻化是创客实验室的发展目标之一，也是传统家电企业寻求革新、突破的方式之一。

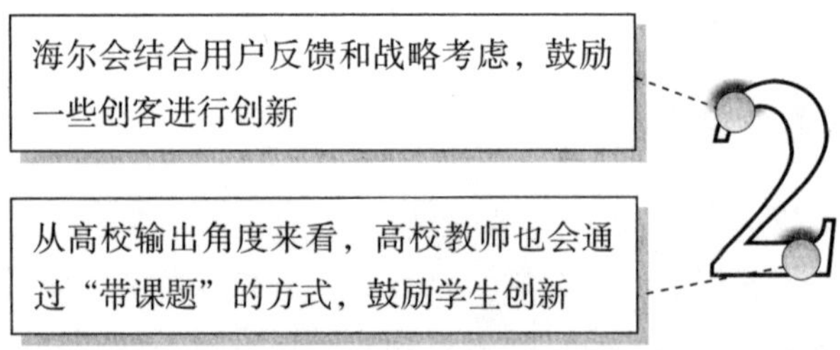

创客实验室鼓励创新

4. 进入流水线

海尔集团有着强大的流水线优势，优秀的创客产品，有项目落地进入流水线生产的机会，零距离地接受市场考验。据了解，在创客实验室中，已经有几款学生产品开始进入销售渠道，并注册公司。

5. 卡萨帝创艺大赛

为什么要在学生群里举办高端品牌的设计大赛？对此，海尔集团创新设计中心总经理吴剑表示：“其实从我们的角度来看，是因为中国其实比较缺乏享受生活这么一种文化。我们的出发点是，在年轻人当中去寻找他们对未来一种畅想，提供一种实践创意的机会，在他们成为潜在用户之前。”在海尔看来，要鼓励年轻人去实践创意，同时也要鼓励他们去享受创业的过程。

海尔创意平台

1. 平台介绍

海尔创意平台，又叫“众创意”“IDEA平台”，是基于互联网的全球创意互动平台，旨在吸引全球热爱生活、热爱创意的设计师、创客、用户等，创造出互联网时代引领用户需求的产品和服务。

众创意logo

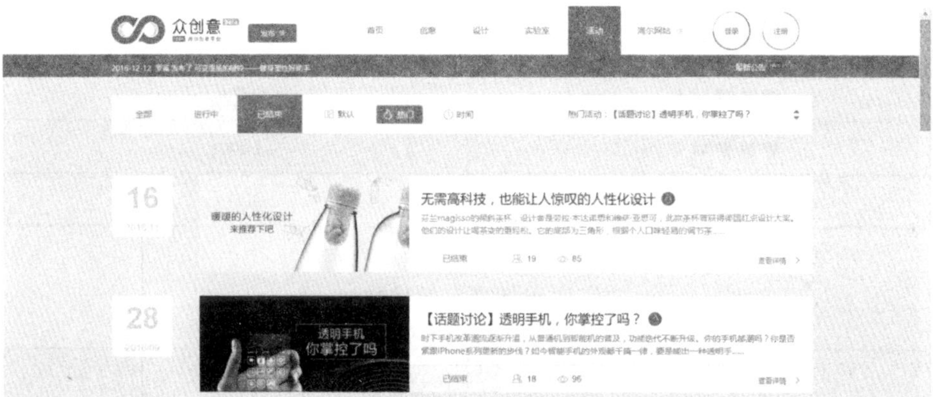

众创意页面截图

2. 平台理念

海尔众创意平台秉承创新、绿色、合作、共赢的精神，实现共享共赢，其平台理念主要表现在四个方面，如下图所示。

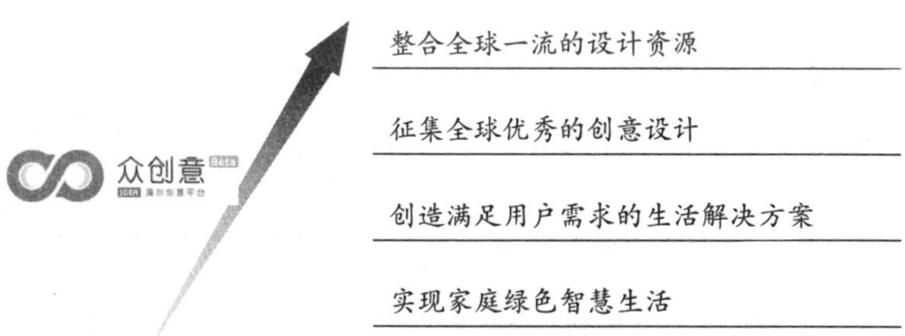

众创意平台理念

3. 奖励计划

创意和设计的质量评级分别通过“创意心”和“设计星”来进行评定，各分为五级，如下表所示。

“创意心”的奖励

等　　级	现　金　奖　励
♥♥♥♥♥一心	5元
♥♥♥♥♥二心	20元
♥♥♥♥♥三心	50元
♥♥♥♥♥四心	100元
♥♥♥♥♥五心	200元

“设计星”的奖励

等　　级	现　金　奖　励
★★★★★一星	200元
★★★★★二星	300元
★★★★★三星	500元
★★★★★四星	1000元
★★★★★五星	1500元

相关链接

海尔众创意平台四个实验室上线，赶紧来发挥你的创意吧！

也许你即将迎来真正独立的人生，你将拥有属于自己的生活空间，你将创造属于自己的生活方式，那在属于自己的独立空间里，你希望它用什么方式来诠释你的个性呢？很有可能你的想法会被生产出来而出现在你的家里哦，赶快为自己的家设计一款必需品吧！

海尔众创意平台四个实验室之门为你敞开，赶紧秀出创意，秀出精彩吧！

1. 定制保鲜

品质生活离不开保鲜，日常的食物离不开保鲜，对生活的热情更离不开保鲜，而在你的生活里，有哪些东西离不开保鲜呢？是食物，是护肤品，或是其他有形或无形的东西呢？你希望用什么方式来保鲜它们呢？

2. 私人氧吧

惬意生活离不开氧气，清新的空气会让你感到神清气爽，曼妙的音乐会让你的心灵得到净化，书本的知识能让你对未来更加笃定，而在你的生活空间里，如何创建一个私人氧吧呢？也许它能净化空气，也许它能为你营造舒适的氛围，创建心灵的氧吧……

3. 乐于清洁

舒适生活需要保持洁净，干净的衣服能让你保持一整天的好心情，整洁的居室空间更能展现温馨的气氛，而在你的生活空间里，有哪些东西必须做到日常清洁呢？是衣物，是桌面，还是地板？你能想到什么好的清洁方式呢？

4. 食之有道

健康饮食已经成为现代社会最关注的焦点之一，一道佳肴的工序包括从选材、搭配、储存、加工、烹饪到最后的摆盘，而其中储存和烹饪是所有工序中的重中之重，让我们深入思考如何健康地储存以及健康地烹饪食物？如何才算是食之有道呢？

只要你发布符合实验室课题方向的创意或设计，就能获得平台奖励哦！其中，发布创意可获得5～200元；发布设计可获得200～1500元。

热爱设计的你快来动动脑筋吧！相信这四个新实验室一定可以激发出你的设计灵感哦！

……………………………………………………………………………………

相关链接》》

海尔众创意平台三个实验室上线，脑洞大开的你快来参与！

习惯在海尔众创意平台上大显身手的你，又有施展才华的机会啦！现在海尔众创意平台为了鼓励热爱设计的小伙伴们产生更多的创意和设计激情，又新开通了三个实验室哦，分别是我的时代、百变大咖、城市之光。

1. 我的时代

如果让你重新经历一次童年，并且是在现在这样的一个新时代中，你会希望自己拥有什么样的家居或家电产品让生活更加丰富多彩？

2. 百变大咖

从实际的生活需求出发，用你手中的“积木模块”去创造新的家居或家电产品，也许你的模块化组合设计会让你成为下一个百变大咖的明星。

3. 城市之光

如果将光应用到我们看似冰冷的家居或家电产品上，它会在“人—产品—环境”之间创造出什么样的不同的效果呢？你会用光创造出一个什么样的新的交互世界呢？

只要你发布符合实验室课题方向的创意或设计，就能获得平台奖励哦！其中，发布创意可获得5～200元；发布设计可获得200～1500元。

生机勃勃的春天来了，热爱设计的你也快来动动脑筋吧！相信这三个新实验室一定可以令你创造出更多新奇有趣的设计作品哦！

开放创新平台

1. 平台简介

海尔开放创新平台（Haier Open Partnership Ecosystem，简称HOPE），由海尔开放式创新中心开发并运营，致力于发展成全球最大的创新生态系统和全流程创新交互社区，服务于全球所有的创新者。平台遵循开放、合作、创新、分享的理念，通过整合全球一流资源、智慧及优秀创意，与全球研发机构和个人合作，为平台用户提供前沿科技资讯以及超值的创新解决方案，最终实现各相关方的利益最大化，并使得平台上所有资源提供方及技术需求方互利共赢。

HOPE首页截图

HOPE社区截图

2. 三大板块

HOPE平台上分三大板块：社区交互、创意转化和技术匹配，如下图所示。

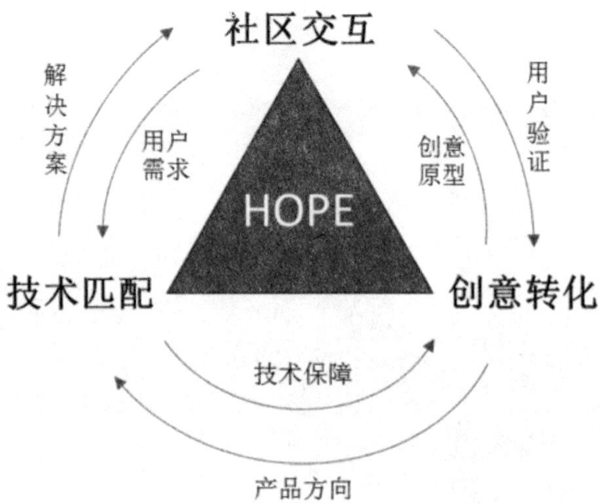

HOPE平台三大板块

（1）社区交互。

通过社区的运营，平台吸引了大批的用户参与各种活动的交互，积累了用户流量以后，通过后台的数据分析与整理，能够全面了解用户在使用家电的过程中，对各种电器产品的需求，再加工整理，快速转化成产品规划。同时，大用户流量也能够为验证创意提供用户基础。

（2）技术匹配。

技术方案结构化的数据能为大数据匹配打下良好的数据基础，任何用户需求提到平台上后，通过后台的大数据匹配，都能够快速精准地匹配到合适的解决方案，这使得海尔可以快速地推出新产品。

（3）创意转化。

HOPE平台已经拥有了大量的用户需求信息和技术方案信息，将这两者进行加工整理，就是大量的可行性产品方案，再加上海尔的六大转化基金的支撑，可以顺利地推出新产品。

3. 核心能力

HOPE平台构建了五大核心能力，通过五大核心能力来支撑平台快速发展，并支撑海尔快速地进行创新和颠覆，如下图所示。

能力一　掌握最新的行业技术动态

对接收到的最新技术信息进行系统分析，第一时间推出技术报告资讯，为研发方向决策提供第一手资料

能力二　建立专业的交互圈子

与家庭生活相关的各类技术领域的专家都在线与用户和资源方交互，从而打造出来一个个的细分技术领域交互的圈子，每一个圈子都是由解决一类技术问题的专家组成，这成为海尔创新的重要因素

能力三　持续产出各类颠覆性创意

只要是参与交互的用户或者资源，都能够分享产品收益，现在已经有大批的VC（风险投资）进入海尔孵化体系中，帮助推进创意的快速产生与转化

能力四　快速精准匹配全流程资源

HOPE平台的后台建设有强大的搜索匹配引擎，能够快速将后台资源库、方案库、需求库、创意库进行配对

能力五　创意转化全流程支持

从创意的提出、交互、孵化，到产业化及营销等的全产业链条，基本涵盖了创意转化的每一个环节

HOPE平台五大核心能力

4. 提供的服务

HOPE是一个提供开放式创新服务的入口。通过平台上的多方交互，技术方、资源方、普通用户可以给予产品更多的建议和意见，以便于开发者确定更实际的、市场化的方向，并不断扩散产品影响力。

（1）发布技术挑战。

需求板块的使用者不仅仅局限于海尔，任何感兴趣的公司都可以将它们的需求发布到HOPE平台上。通过填写技术需求表，公司或个人可以利用这个空间对其创新需求做一个详细描述。在HOPE上，用户可以阅读和发送私密信息给需求方，同时也可以提交解决方案或者提出关于此需求的相关问题给需求方，此外还可以通过留言板以公开形式提出问题。

（2）提供或查看新技术。

技术板块是技术提供者的发挥空间，技术提供者可以是大公司、中小型企业、创业公司、研发中心、创新者等等。在这里，技术提供者可以展示自己擅长什么，能够提供什么创新的产品或服务。通过填写发布技术表，技术提供者可以展示关于他们的组织能力等非保密信息，具体包括提供的创新产品或服务描述，可能的应用，希望采取的合作模式，技术开发所处的阶段。所有的信息都对后续需求方是否能正确评估这项技术至关重要。

如果有技术需求方对某项技术感兴趣，可以通过平台以私密或公开的方式询问技术提供者。如果以公开方式进行讨论，那么不仅技术提供者可以回答，平台上的其他用户也可以回答，为双方贡献价值。

5. 线下服务

HOPE团队的30多位专业人员平均拥有10年以上的相关领域工作经验。HOPE是服务于世界顶级白色家电制造商海尔的创新流程专家，可以为希望进入中国市场的其他国家企业提供最广阔范围的创新服务。与此同时，HOPE也服务于中国的各类创新企业，服务内容包括：

（1）技术评估。

HOPE可以帮助用户评估用户所需的技术，通过严密的技术评估体系和最新的大数据工具，HOPE提供的技术评估服务的主要内容有：针对某项技术或为解决某一问题而设计的方案和提出的策略，评估采用或限制该技术时将引起的广泛后果，尽可能科学、客观地对正负影响特别是非容忍影响做出全面充分的分析；研究与上述后果相应的政策选择，如法律、税收或优惠政策，实施控制，提供最优的决策方案。同时，HOPE的全球技术整合团队可以输出针对用户的技术潜在应用需求列表。有时跨界创新是成功的关键，而HOPE可以帮助用户找到至关重要的线索。此外，如果用户需要，HOPE也可以提供专业的技术招标书撰写与相关翻译服务。

（2）商业企划。

以客户为导向的创新是至关重要的，在如何让一项技术成功地被应用在产品上，并最终顺利上市方面，HOPE拥有丰富的经验。HOPE会帮助用户正确评估所持有的技术的商业前景和市场潜力，同时预测各种风险，协助用户完成商业企划。

（3）技术转移全流程服务。

在找到正确的技术与正确的创新伙伴后，一个复杂的，包括法律问题、财务问题、技术授权问题等在内的流程往往会使整个合作过程变得非常冗长，有可能会导致合作双方的挫败感加重甚至合作破裂。HOPE团队可以帮助双方处理此类事务，并已经优化并标准化此流程以便使技术转移过程更加顺利。HOPE可以帮助技术提供者和技术需求者在这一阶段提升合作效率，节约宝贵时间，以缩短产品或服务的上市时间。

相关链接》》

海尔开放式创新模式再升级 HOPE创新合伙人计划发布

2016年12月15日，海尔开放式创新平台举办的创新合伙人2016年会在海尔大学举办，大会以“共创·共赢·共享”为主题，来自全球的数十家科技创新企业、技术转移机构、投资孵化平台，以及技术专家、产品创新团队参与活动，群策群力、共同探索新时代下以社群为主体的开放创新之路。年会上，海尔开放创新平台对在平台上做出卓越贡献的团队和个人进行了表彰，颁发了资源对接奖、技术方案奖、产品创新奖等大奖。

同时，海尔分享了在开放式创新方面探索的经验，以及对未来创新模式的一些思考，发布了“创新合伙人计划（A计划）”，对现有的开放式创新模式进行升级迭代。

世界就是我的研发部

海尔围绕持续提升用户体验，将过去的串行瀑布式研发颠覆为并联迭代式研发，建立用户和全球企业交互的平台，和全球企业一起构建“共创·共赢·共享”的创新生态系统。

“创新合伙人计划（A计划）”——海尔开放式创新模式升级的重要探索

为了更好更快地提升用户体验，海尔开放创新平台提出“创新合伙人计划（A计划）”，从模式、流程、组织、分享机制等方面对现有平台进行全面升级。

开放式创新模式升级：从机构合作升级到创新社群运营

由于多年来对开放式创新的探索，海尔开放创新平台已经从创新机构间的合作平台升级到以社群为主体的创新生态系统。而创新合伙人社群则汇聚了大量创新者，他们之间自主交互，不断产生颠覆性创新成果，持续打造“共创·共赢·共享”的创新生态系统，为创新者提供全方位服务。

流程升级：让优秀创意更快地上市转化

海尔开放创新平台能够为创新者提供精准的用户交互、方案匹配服务，同时为颠覆性技术、创意的转化提供了快速转化、孵化的流程。

机制升级：“共创·共赢·共享”的机制

不同的创新者都能够参与创新的各个环节，发挥自己的才华，获取价值的分享。

来自HOPE创新合伙人社群的与会嘉宾都非常认可“创新合伙人计划（A计划）”的模式。他们认为这样的模式有助于快速、准确地实现技术与需求的对接，对于创意和产品方案的转化有极其大的推动作用，缩短了产品孵化的流程，有利于创造更好的产品体验。他们相信在HOPE创新合伙人社群里，从创意的提出、交互、孵化，到产业化及营销等的全产业链条上可以得到最有力的支持与合作，获得更好的收益。

相关链接》》

海尔魔镜——海尔开放创新平台HOPE的经典创新成果

你是否想过有这么一天，我们日常生活中的家居产品不再是单纯的机械，反而充满人工智能化的味道？据奥维咨询预测，2020年中国智能家居的整体产值将突破万亿元，其中智能硬件的产值将达到6000亿元。智能家居已成为IT技术、网络技术、控制技术向传统家电产业渗透发展的必然方向。

随着互联网时代的到来，用户的需求越来越个性化，定制产品的呼声越来越高。作为全球白电第一品牌，海尔集团更是深知创新的重要性。只有改变传统的创新方式，与用户、一流资源一起创新，才能满足用户的个性化需求。只有变成开放的平台，建立开放的创新生态系统，才能持续创新，不被这个时代淘汰。

在“世界就是我的研发部”的理念指导下，海尔集团于20世纪90年代就展开了对开放创新模式的探索，并在全球亚、欧、美地区设立了十大研发中心，每个研发中心都延伸出众多的触角，形成遍布全球的创新资源网络；同时海尔搭建了线上开放创新平台HOPE（Haier Open Partnership Ecosystem，简称HOPE），实现多方用户、多维度、并联式交互，让技术供需双方零距离对接，为技术持有者寻找合适的客户，为技术需求者嫁接技术解决方案，为风险投资者发现下一个改变世界的项目，持续产出颠覆性创新成果，实现生态圈内共创共赢。

在开放创新平台HOPE上，智能产品海尔魔镜是具有代表性的创新黑科技之一。在魔镜未开启时，它是一面普通的镜子，开启后，站在魔镜前，只需几秒钟，魔镜就能显示出镜前人的性别，随后根据性别、个人喜好，建议性地给出热水温度、水量、娱乐版块、健康分析等信息；当开启健康分析功能后，体温感应功能随即启动，并对镜前人进行全身检查。

据了解，这款既能“读懂”用户心思，又直击用户痛点的产品，从最初的想法提出到最后诞生，只用了一年时间。

2014年7月，海尔“开放创新周”活动在青岛举办，资源方R来到“创新周”活动上推荐魔镜产品创意。海尔开放创新平台洞察其创意价值，将其纳入了创意库中。

2015年1月，时逢海尔用水生态圈搜集水圈内的智慧产品，海尔开放创新平台适时推送了包括资源方R在内的多家资源。随后，在海尔开放创新平台匹配的跨领域专家团队评审会上，大家最终达成一致，决定在具有交互功能的浴镜上做文章。而此时，资源R方从多家资源中脱颖而出，其拥有的硬件、软件两个方面的资源，使得实现智慧浴室的中央控制人机交互方案不再是太大的难题。

时间来到2015年3月，海尔用水生态圈在上海家博会上展示智慧浴室的样机，并召开概念发布会。在这次展会上，智慧浴室的概念得到了用户的响应。最终，海尔锁定了智慧浴室的核心产品——魔镜，作为第一代智慧浴室的主攻产品。

随后，2015年4月，海尔用水生态圈通过海尔开放创新平台面向全球发布魔镜创意落地转化的寻源需求。5月原型机成型，6月工艺样机到位，并分发给海尔开放创新平台领先用户进行体验，寻求改善点。直至7月召开产品发布会，产品的落地过程，可谓一气呵成。2015年第三季度，魔镜正式上市，仅仅几个月就取得了500万元的销售成绩。

2016年9月，海尔魔镜第二代产品M3、M3S研发成功并进行线上众筹，仅27天，海尔魔镜便完成众筹目标，迎来了第一批共2046名用户；12月，海尔魔镜第二代产品全面上市。

海尔魔镜的诞生，不仅仅是一次颠覆性的创新成果，更是海尔开放创新平台覆盖全球的资源网络及其强大的全流程资源整合能力的证明。

……………………………………………………………………

第八章
海尔的企业文化

导言：

海尔文化以观念创新为先导、以战略创新为方向、以组织创新为保障、以技术创新为手段、以市场创新为目标，伴随着海尔从无到有、从小到大、从大到强、从中国走向世界，海尔文化本身也在不断创新、发展。

第一节　海尔的标志

第一代识别标志

1. 商标的来源

海尔商标的演变是海尔从中国走向世界的见证。海尔商标的故事，就是一部中国企业商标发展史。1985年，青岛电冰箱总厂刚起步时，从德国利勃海尔公司引进先进的电冰箱生产技术和设备，当时双方签订的合同规定，为体现双方合作，海尔可在德国商标上加注厂址在青岛，于是海尔将“琴岛—利勃海尔”作为公司的商标。

2. 标志的含义

当时从冰箱装饰的角度考虑，海尔设计了象征中德儿童的吉祥物图形，即海尔兄弟。海尔卡通吉祥物图形的设计寓意是：中国的海尔和德国利勃海尔，中德双方的合作如同这两个小孩一样充满朝气和拥有无限美好的未来。“琴岛—利勃海尔”和海尔兄弟图形成为企业第一代识别标志。

海尔兄弟图形

QINDAO-LIEBHERR

琴岛—利勃海尔英文LOGO

3. 标志的意义

这些识别标志经广告广泛宣传，使海尔商标初步深入人心，对企业发展起到了积极作用。到20世纪80年代末90年代初，琴岛—利勃海尔冰箱在中国已是家喻户晓，成为优质产品的代名词。

第二代识别标志

1. 标志的含义

1991年，企业名称确定改为“青岛琴岛海尔集团公司”，产品商标也同时改为“琴岛海尔”，实现企业名称与产品商标的统一，同时导入企业形象识别系统CIS（Corporate Identity System的缩写）理念，推出以“大海上冉冉升起的太阳”为设计理念的中英文组合的新标志。“海尔蓝”为企业专用颜色，形成了集团CI（Corporate Identity的缩写，企业标志）的雏形。这是海尔的第二代识别标志。

琴島海尔

QINDAO-HERR

琴岛—利勃海尔 中英文LOGO

2. 标志的不足之处

这个标志的推出强化了消费者对海尔企业和商标的认知，但是识别标志存在着不够凝练，工业感、科技感不强等弱点。伴随着海尔企业的迅速发展，多元化、国际化的趋势更加明显，原有的企业识别标志已不能适应企业发展的步伐。海尔迫切需要更为超前的企业识别标志和品牌定位。

3. 确定海尔品牌

随着企业进军国际化市场的步伐加快，1991年12月，企业名称改为“海尔集团”，集团将产品品牌与集团名称均过渡到中文“海尔”。

第三代识别标志

1. Haier的诞生

1993年5月，经过深入调查研究，海尔决定直接将企业名称简化为“海尔集团”，以汉语拼音“Haier”作为标志，集商标标志、企业简称于一身。新的标志与国际接轨，设计上简洁、稳重、大气，广泛用于产品与企业形象宣传中。这是海尔的第三代识别标志。

识别标识

识别标识——反色

识别标志——中英文组合

真诚到永远

海尔品牌口号

2. 标志的意义

第三代标志在设计上追求简洁、稳重、大气、信赖感和国际化。为推广"Haier"这个标志，集团以中文"海尔"、海尔吉祥物图形和"Haier海尔"组合设计为辅助推广手段，力求树立长期稳定的视觉符号形象。这种抛开具体图形符号标志，追求高度简洁的超前做法，顺应了世界流行的设计趋势，为企业的国际化奠定了形象基础。

"琴岛—利勃海尔"到"琴岛海尔"再到"Haier"，从商标的演变中可以看出海尔塑造品牌形象、逐步走向国际化的发展历程。海尔，正在努力成为真正的国际化品牌。

第四代识别标志

1. 标志的诞生

2004年12月26日，海尔集团开始启用了新的海尔标志，由中文和汉语拼音组成。与原来的标志相比，新的标志延续了海尔20年发展形成的品牌文化，同时，新的设计更加强调了时代感。

Haier

海尔

海尔的新标志

Haier

一个世界一个家

海尔品牌口号

2. 标志的含义

在新标志中，汉语拼音“Haier”每笔的笔画比以前更简洁，“a”减少了一个弯，表示海尔人认准目标不回头；“r”减少了一个分支，表示海尔人向上、向前的决心不动摇。新标志的设计核心是速度，因为在信息化时代，组织的速度、个人的速度都要求更快！新标志的风格是简约、活力、向上。整体结构更加简约，显示海尔组织结构更加扁平化，每个人更加充满活力，对全球市场有更快的反应速度。

新标志中的汉字，是中国传统的书法字体，它的设计核心是动态与平衡，风格是变中有稳。这两个书法字体寓意着海尔人为了实现创世界名牌的目标，不拘一格，勇于创新。

3. 标志的意义

在每个用户心里，都会以海尔为用户创造的价值来赋予海尔新标志不同的丰富的内涵，因此，海尔新标志的意义就是永远不断地为用户创造更大的价值。

第五代识别标志

1. 标志的诞生

2013年7月28日，在创新全球论坛上，海尔正式发布了步入网络化战略阶段之后的品牌新形象，公布了全新的企业LOGO和标志，并确定新口号是“你的生活智慧，我的智慧生活”。

Haier

海尔最新的识别标志

Haier | 你的生活智慧
我的智慧生活

品牌口号

2. 标志的变化

对比旧的标志，海尔新的标志主要有三大变化，如下图所示。

变化一 海尔主色彩从红色重新回归蓝色

在新的战略阶段，海尔向着提供专业服务及解决方案的科技形象转变，新的品牌主色彩随之转变为蓝色，以体现科技创新与智慧洞察的视觉感受

变化二 “i”上的点由方点变为圆点，以及对字体进行整体优化

圆点象征着地球，体现了海尔创互联网时代的全球化品牌的理想，也表现了海尔对网络平台中每一个个体的关注，因为正是个体的智慧汇聚成了海尔的网状平台。海尔还对字体进行整体优化，以获得更好的视觉平衡

变化三 辅助图形为网格状

象征海尔节点闭环的动态网状组织，网格没有边框，无限延伸，寓意网络化的海尔无边界，没有层级，所有员工共同直面用户需求

新标志的变化

《海尔兄弟》

海尔兄弟是海尔集团的品牌形象，动画片《海尔兄弟》由海尔集团和北京东方红叶动画集团共同投资。该片拍摄历时8年，最后一部已于2001年5月封镜，共212集，是2001年中国最长的动画片，也是世界第四长动画片和世界上由企业投资拍摄的最长动画片。

《海尔兄弟》以知识为核心，定位于寓教于乐且带有对大自然的一些不解之谜的提示，同时也是对海尔企业文化的传播。

相关链接》》

海尔集团的动漫营销战略：《海尔兄弟》

2001年5月，耗时8年、由海尔集团和东方红叶动画集团共同投资五六千万元制作的中国最长的动画片——212集的《海尔兄弟》举行了隆重的封镜仪式。同时，该片也签订了在米老鼠的故乡——美国电视台播出的协议，一举改写了我国动画市场只能被动引进的局面。

出世一波三折

企业借投资拍摄动画片提升自身形象已有成功的先例。20世纪60年代，卡西欧公司投资拍摄的《铁臂阿童木》曾经风靡日本，后来还在美国NBC电视台播放。1983年，《铁臂阿童木》在中国上映并引起轰动，做贴片广告的卡西欧公司的电子产品也迅速打进中国市场。

海尔集团投资拍摄《海尔兄弟》和卡西欧公司投资拍摄《铁臂阿童木》有许多相似之处，不同的是，《海尔兄弟》和海尔集团结合得更加紧密，商业痕迹更明显。

海尔集团总裁张瑞敏非常重视延伸海尔的企业文化，一直想通过自己的企业形象投资老少咸宜的动画片艺术市场。从20世纪80年代初开始，他曾分别委托上海和台湾的动画片厂商进行制作，但这两家厂商制作的动画片的故事情节和拍摄效果都不理想，张瑞敏一度放弃了拍摄动画片的打算。

海尔集团和东方红叶的牵手有些偶然。幸运的是双方都抓住了这次机会，否则海尔集团利用动画片延伸企业文化的计划在两次失败之后也许会就此不了了之。

东方红叶从20世纪90年代初开始与海尔合作，为海尔制作广告片。后来东方红叶利用从国外购买的几台电脑上色机器，为海尔的品牌形象——海尔兄弟制作广告动画片，并在中央电视台上播放。东方红叶制作的动画片效果令张瑞敏十分满意，海尔集团投资动画片市场的想法再次萌发。北京东方红叶集团公司董事长孟金枝对记者说，在拍摄《海尔兄弟》的长达8年的时间里遇到过很多挫折，双方的合作也有过困难，不过还是坚持下来了，212集的动画巨制得以问世。

定位和收益分割

孟金枝女士是制作《海尔兄弟》的核心人物之一。她对记者说，《海尔兄弟》的成功很大程度上得益于它的内容和题材。双方合作之初，海尔集团总裁张瑞敏没有给东方红叶太多的限制，只是强调海尔兄弟作为海尔集团的企业形象，一定要以正面形象出现。

孟金枝说，当初为策划《海尔兄弟》，双方都绞尽脑汁。海尔集团要求拍长片，给海尔兄弟两个人物树立正面形象。海尔兄弟的人物造型很刻板，只能做一些比较稳重的事，所以一些闹剧不太适合。在进行造型定位的时候，也刻意定位在国际市场。

东方红叶提了好几种方案和海尔探讨，最后的定位是以知识为核心。《海尔兄弟》定位于寓教于乐且带有对大自然的一些不解之谜的提示，这是其深受少年儿童欢迎的重要原因。

海尔集团和东方红叶签订的合作协议是，由双方共同出资拍摄。海尔集团平均要为每集付15万元，212集总投入超过3000万元。其余的制作费用由东方红叶负担，也要两三千万元。

在合作之初，双方曾商定动画片的收益中东方红叶应得70%，海尔集团应得30%。第二部以后，海尔集团彻底放弃了自己的收益权，决定动画片的经济收益全归东方红叶。海尔集团对东方红叶的要求是，保证《海尔兄弟》能在电视台播出。

市场效果"一石三鸟"

2008年6月18日，美国一家公司与海尔集团签订了在美国电视台播出《海尔兄弟》的计划，《海尔兄弟》以其丰富和健康的内容受到美国儿童的欢迎。把《海尔兄弟》推向国际市场是海尔集团和东方红叶双方的共同愿望，海尔集团想借此提升自己在国际上的知名度，东方红叶也希望在国际市场上获得在国内市场上无法实现的经济回报。

《海尔兄弟》诞生时正值中国动画业的萧条期，支持动画市场、"救救孩子"的呼声此起彼伏。《海尔兄弟》最初几集播出后，社会反响很强烈，海尔兄弟受到儿童的热烈欢迎，海尔的美誉度也随之提高。

受海尔集团委托开始拍摄《海尔兄弟》时，东方红叶还不过是一家刚刚起步的小公司。8年后，海尔集团已经成为国际性的大公司，东方红叶也日益壮大，建成了中国最大的电脑动画生产基地。

孟金枝说，海尔投资拍摄动画片确实显示了海尔决策层的独具匠心。像海尔这么大的一个企业，每年的广告费都要花几亿元，但这几亿元砸出去，真正在人们心中沉淀下来的不会有多少。动画片对儿童的影响十分深远，儿时留下的印象往往也是最深刻的，投资几千万元拍摄一部动画片，可能会影响一代人，看过《海尔兄弟》的人在潜移默化中就会认可海尔。

《海尔兄弟》为海尔集团带来了巨大的社会效益和经济效益，对中国急待发展的动画市场也起到了巨大的推动作用。

《海尔兄弟》的运作模式简单地说就是艺术与企业联动，即海尔集团投资拍摄、民营企业东方红叶公司制作，目前还是这种合作方式成功的首例，这种合作方式也是中国动画业规模化、产业化的一条途径。

....

第二节　企业文化

海尔的核心价值体系

1. 海尔的核心价值观

海尔的核心价值观是创新，海尔的是非观是永远以用户为是，以自己为非。海尔的是非观是核心价值观的具体体现。

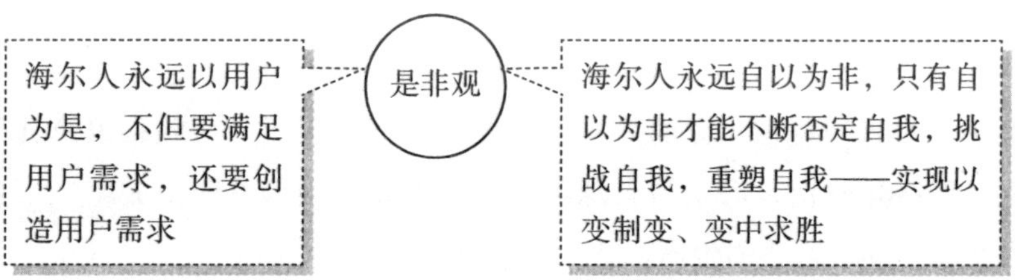

海尔的是非观

2. 海尔的发展基因

海尔的核心价值观及是非观形成海尔可持续发展的内在基因特征：不因世界改变而改变，顺应时代发展而发展。

这一基因加上海尔人的“两创”（创业和创新）精神，形成了海尔在永远变化的市场上保持竞争优势的核心能力特征：世界变化愈烈，用户变化愈快，传承就愈久。

3. 海尔的发展观

海尔的发展观体现在“两创”精神上，如下页图所示。

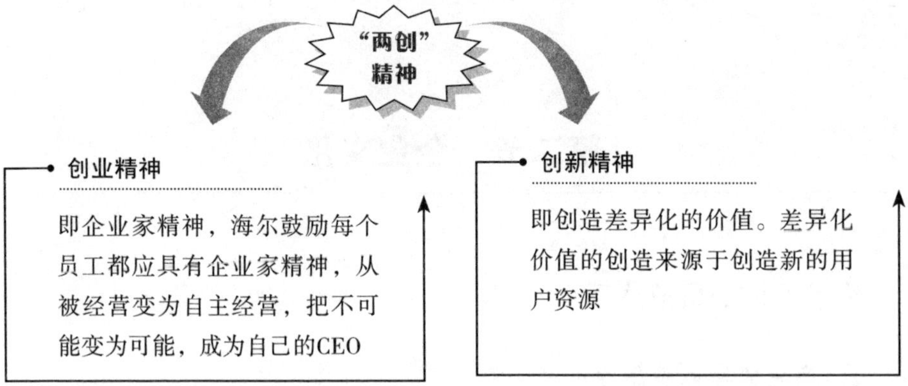

"两创"精神

"两创"精神的核心是强调锁定第一竞争力目标。目标坚持不变，但为实现目标应该以开放的视野，有效整合、运用各方资源。

4. 海尔的利益观

海尔是所有利益相关方的海尔，主要包括创客、用户、股东以及其他利益相关方。网络化时代，海尔与全球创客、利益相关方等共同组成生生不息的生态圈，共赢、共享、共创价值。

只有海尔这个开放的平台生态圈中的所有利益相关方持续共赢，海尔才有可能实现永续经营。

海尔的发展观念

1. 海尔的人才观

海尔的人才观是人人都是自己的CEO。

海尔管理创新的重点始终表现在人的价值实现上，让员工在为用户创造价值的同时实现自身价值，每个人都成为自己的CEO。

在海尔平台上创业的小微企业真正握有"三权"，即企业把决策权、用人权和分配权完全让渡给小微企业，使小微企业可以灵活根据市场变化迅速做出决策，更好地满足用户的个性化需求。小微企业的自演进过程实现了自创业、自组织、自驱动，并且按单聚散。

2. 人人能在海尔平台上创业

海尔已从传统制造家电产品的企业转型为面向全社会孵化创客的平台，所有创业者都可以成为海尔生态圈的一员，从而形成一个共同创造、共同增值、共同盈利的共创共赢生态圈。

海尔把传统的“选育用留”式人力资源管理颠覆为“动态合伙人”制度，给员工提供的不再是一个工作岗位，而是一个创业机会，员工从被动的执行者变为主动的创业者，甚至是企业的合伙人，通过互联互通全球资源为用户共创价值，实现用户、企业和利益攸关各方的共赢增值。

3. 世界就是我的人力资源部

“世界就是我的研发部”“世界就是我的人力资源部”，互联网为企业利用全球分布式的人才资源创造了条件，海尔从自成体系的封闭系统变为互联网的一个节点，不仅仅是企业，每个组织和个人都成为互联网的一个节点，无障碍链接全球一流资源。

创新文化

海尔文化的核心是创新。它是在海尔20年发展历程中逐渐形成的特色文化体系。海尔文化以观念创新为先导、以战略创新为方向、以组织创新为保障、以技术创新为手段、以市场创新为目标，伴随着海尔从无到有、从小到大、从大到强、从中国走向世界，海尔文化本身也在不断创新、发展。

相关链接》》

创新无止境

1984年，海尔砸掉76台不合格的冰箱，以树立员工的质量意识；今天，在德国，消费者购买海尔冰箱可以获得政府颁发的节能补贴。

1999年4月30日，我们在美国南卡州打下了第一根桩；现在，美国造的海尔冰箱正在向着成为美国本土化的名牌这一目标迈进。

昨天，我们还在为新世纪的到来而憧憬；今天，当我们站在新世纪的门口，想象中的画面已经变成看得见摸得着的存在。

中国古代有句话叫“天下万物生于有，有生于无”，西方也有类似的观点，“The most valuable things cannot be seen.”创新是无止境的。虽然现在海尔产品已经在全球160多个国家销售，美国《财富》、英国《金融时报》等舆论媒体常把Haier与微软、IBM、SONY相提并论，但我们清楚地看到，无论是在规模上，还是在品牌影响力上，我们都还有很大差距，创新才是我们最大的优势。

太阳每天都是新的，新经济下没有旧经济，只有守旧者。面对充满挑战和希望的明天，我们只有不断创新，挑战满足感，才能超越自我。我们因创新精神赢得世界的瞩目，我们仍须用不断的创新来赢得新世纪的辉煌。

服务理念

互联网时代，用户关注的不再是广告而是口碑，企业要打造诚信品牌，就需要与用户融合成生态圈。海尔的愿景是在后电商时代颠覆传统电商的交易平台，首创基于诚信的共创共赢模式，打造以诚信为基础，以社群为基本单元的共创共赢新平台。海尔的服务理念体现在以下几个方面。

体现一　先卖信誉后卖产品

质量是产品的生命，信誉是企业的根本，产品合格不是标准，用户满意才是目的。营销不是“卖”而是“买”，是通过销售产品的环节树立产品美誉度，“买”到用户忠诚的心

体现二　浮船法

只要比竞争对手高一筹，半筹也行，保持高于竞争对手的水平，就能掌握市场主动权

体现三 只有淡季的思想，没有淡季的市场

海尔认为企业的经营目标应紧贴市场，最重要的是开发市场，创造新市场，从而引导消费，领先市场

体现四 市场不变的法则是永远在变

我们要根据永远在变的市场不断提高目标

体现五 创造未来

创造感动，就是对工作充满激情；就是不断满足用户的个性化需求；就是用心工作，对产品用心，对用户用心

体现六 用户永远是对的

1995 年，海尔提出“星级服务”，宗旨是用户永远是对的，即用户就是衣食父母，只要能够不断给用户提供最满意的产品和服务，用户就会给企业带来最好的效益

体现七 市场的难题就是我们创新的课题

“创造市场”的内涵是并不局限于在现有的市场中争份额，而是以自己的优势另外创造新的市场

体现八 紧盯市场创美誉

紧盯市场的变化，甚至要在市场变化之前发现用户的需求，用最快的速度满足甚至超出用户的需求，创造美誉

海尔服务理念的体现

相关链接 》

海尔为什么存在——海尔洗虾机的启示

写下这个题目，是因为我知道海尔在2002年6月又推出了洗龙虾的洗衣机，尽管开发一种新产品对于海尔这样一个有着强大研发实力的企业来说算不上什么，但这个消息还是让我突然有了一种感悟——海尔仿佛就是为解决消费者的难题而存在的，从洗地瓜的洗衣机到打酥油的洗衣机，再到洗龙虾的洗衣机，海尔洗衣机几乎已“无所不洗”。海尔洗衣机的概念已发生了革命性的变化，“帮你解决任何洗涤难题”成了海尔洗衣机的企业使命。

有人把海尔的创新能力归结为其独到的“市场眼”，认为海尔是最善于发现市场的。我以为并不尽然，最重要的是因为海尔人对消费者的难题保持着一种高度敏感，他们总是在自己专长的领域内最先发现消费者又有什么新的困难，然后去找出一个解决方案。与那种商业味十足的叫卖不同，海尔的发明里表露出更多的人文关怀。很多商业奇迹就在那些整天都在寻找商机的人身边发生，却仿佛与他们无缘，原因就在于其功利心太强了。上满了发条的赚钱欲望，让他们没有精力和心情去仔细体会消费者的困难。这个问题其实已远远超越了市场本身，对于那些只关心自身利润的公司来说，无论是配上望远镜或是显微镜都将无济于事。

随着时代的进步，作为社会财富的创造者，企业必须走出金钱至上的误区，以企业价值最大化替代企业利润最大化的目标。新的客户导向的经营理念，要求企业必须首先弄清楚“我们为什么存在”“客户为什么需要我们”。我不知道企业家们是否都这样问过自己。把用户的难题当作研发课题的企业理念体现了海尔的价值所在。这不仅体现了一种能力，更是一种理想、一种境界、一种责任感。基于这一点，海尔尽管不是全球最大的公司，却是最有希望的公司。海尔的这样一种价值取向，对于那些尚在迷惘中的企业应该是一种启示。

相关链接 》》

企业是人，文化是魂——海尔集团首席执行官张瑞敏谈企业文化建设

“企业是人，文化是魂。”2013年4月13日，山东青岛海尔集团首席执行官张瑞敏围绕“如何建好企业文化”这一话题，发表了自己的见解。

记者：关于企业文化的阐述有很多，定义也有很多。您认为企业文化是什么？

张瑞敏：我认为企业文化就是一句话——企业文化就是企业的灵魂，是企业的价值观，是企业的基因。如果企业有一个好基因，那么这个企业就可以代代传承。就像一个人一样，如果这个人只是四肢发达，头脑简单，可能不会长久。企业也是这样，企业文化是企业生存兴旺、可持续的关键。世界百年老店都有一个非常好的基因。我看过一个资料统计，中国的企业平均寿命只有5年。造成这个现象的因素非常多，其中很重要的就是没有一个好的企业文化，或者是缺乏一个好的战略定位。那么，是不是我们所有的企业文化都应该学习西方，企业文化是不是西方企业的专利呢？

2000多年前，老子的《道德经》中有一句话非常精辟，“天下万物生于有，有生于无”，意思是有形的东西取决于无形的东西。对企业而言，无形的东西就是企业文化。

我个人从事企业管理30多年，我把这30多年的管理经验提炼为几个字，就是“企业即人，管理即借力”。什么意思呢？企业就是人，所有的资产要增值都要靠人，人是企业的关键。如果把人抛到一边，资产负债表就没有多大用途。就像青岛有一句老话：死店活人开。同样一间店，两个不同的人开的效果就不一样。“管理即借力”，就是看企业有没有开阔的思路整合更多的资源。特别在互联网时代，企业如果是封闭的就会一事无成。美国的互联网专家写了一本非常著名的书，叫《维基经济学》，提出“世界就是你的研发部”的观点。如果你想获得世界一流的资源，只需点一下鼠标；如果你融入世界，就可以获得很多的资源。所以企业文化的关键就在于企业是否有一个很好的、能够和世界融为一体的价值观。

记者：在互联网时代，企业管理遇到了新挑战。您认为企业文化应该发挥什么作用？

张瑞敏：我认为，互联网时代的企业文化非常关键的一点就是要使企业的每一个人成为自己的主人，即实现自主管理。

美国管理大师德鲁克说得好，21世纪，每个企业要做的重要的事就是使企业中的每一个人都成为自己的CEO，也就是让每个人都能发挥自己最大的价值。企业文化就是要团结一心，因为目标的达成不可能单靠领导下一个文件、下一个命令，必须靠每个人发自内心去做。但要做到这一点非常困难，知易行难。怎么才能做到呢？一定要有机制，有平台。我一直认为，企业管理的第一个层面就是管事，再高一个层面就是管人，最高的层面就是管机制，使每一个人都能够自主管理。

德鲁克还说过一句话，组织的目的就是让平凡的人做出不平凡的事。一般组织里都是平凡的人，没有很大能量是难以做出不平凡的事的。但企业可以搭建一个平台和机制，给员工很大的能量，加上员工自己的能力就可以做出不平凡的事，这就是组织的作用。

海尔在自主管理方面已经探索了很多年了，我们十几年以前就提出“人单合一双赢”的管理模式，现在国际上很多顶级商学院，包括哈佛、沃顿都非常关注。它们来研究了很多次，很重要的原因就是我们的模式符合互联网时代的要求。10年以前，美国沃顿商学院教授来海尔，听我说了这个想法后，他说：“如果这些能实现，海尔一定是世界上最好的企业之一。但我认为这不可能实现。”正因为这样，这位教授到现在还在跟踪研究海尔。“人单合一双赢”模式，“人”即员工；“单”不是狭义的订单，而是用户资源。“人单合一双赢”模式，就是把每一个员工和用户结合到一起，让员工在为用户创造价值的同时实现自身价值。

这么做最大的难题就是必须把整个组织颠覆。200多年前古典管理理论的先驱之一马克思·韦伯提出科层制，也叫作官僚制，直到现在所有的组织都是这样做的，它是一个金字塔形的结构，普通员工在最下面，领导在最上面。现在我们把它颠覆了，颠覆成一个网状组织，没有一级级的领导。

现在，我们正在追求的目标就是几个“无”。第一个“无”即企业无边界。

传统企业有边界，其中典型的就是规模经济和范围经济。规模经济就是企业做得很大，就有了门槛，别人想进都进不来。比如，沃尔玛很大，别人想进去却进不去。但是在互联网时代，无数的网店加起来，淘宝就可以超过沃尔玛。这就是互联网时代企业没有边界的意思，无论企业想做什么，只要整合资源就可以做到。

第二个“无”即管理无领导。原来的企业，员工进来后一定要看自己的领导是谁；现在没有领导了，员工的领导就是用户。德鲁克说，企业要问自己三个问题：我的客户是谁？我为客户创造的价值是什么？我为客户创造价值之后我得到的成果是什么？很多企业回答不上来，现在我们要每个员工来回答，这个难度可想而知。但是我认为方向还是对的。

美国著名管理学家加里·哈默2013年年初到海尔来做过演讲。他说，他走过全世界很多企业，小企业做这种自主管理创新的很多，像海尔这么大的企业却做得很少。但我认为我们可以做下去，因为我们的机制是符合时代、符合人的需求的。

被称为“机制设计之父”、获得过诺贝尔奖的哈维茨提出过好机制的观点。一个好的机制，一是有参与约束，就是每一个人都应该自动地并愿意以这个机制驱动自己；二是有激励相容，每个人都想实现自己的利益最大化，这没有问题，问题在于怎样把个人实现利益最大化的目标和企业实现利益最大化的目标有机结合在一起。我们现在做的“人单合一双赢”模式就符合这个要求，因此思路是对的。

记者：面对全球市场的激烈竞争，您认为企业文化应追求什么？

张瑞敏：我觉得，企业文化追求的就是一句话——成为时代的企业。

没有成功的企业，只有时代的企业，所谓成功只不过是踏准了时代的节拍。但是谁都不可能永远踏准时代的节拍，很有可能踏不准，一步踏不准就万劫不复。百年柯达曾经是胶卷界的老大，但是它踏不准互联网时代的节拍，真的万劫不复，破产了。同样在手机领域，摩托罗拉还没有坐稳行业第一的位置，诺基亚马上就超越了它；紧接着，苹果又出来超越了诺基亚。时代发展就是这么快，稍有不慎就会被时代抛弃，所以企业唯一要做的就是不断去追求成功。要做到如此，又回到了价值观的本质，就是企业有没有这样的文化，如果没有，就很难去做成一个时代的企业，说到底还是对人自身的挑战。

我们做“人单合一双赢”模式创新做了十几年。当然，现在取得了一点小成绩。2012年，海尔已经连续4年被评为世界白电第一品牌；从2007年到现在，利润复合增长率为38%，最高的一年达到70%，最低的一年也没有低于20%。这就是我们把每一个人都变成了利润中心所起到的作用。另外，零库存要做的就是现金流。对企业而言，营运资金周转天数是非常重要的指标，这个指标我们做到了-10天。过去我们是+30天，也就是说我们要向银行借30天的营运资金。但现在我们不光不用借，还多出10天的营运资金。其实不管遇到什么危机，企业要做到的就是两条：第一是库存，第二是应收。所以经济危机来了，企业要做到的就受制于这两条。抓住这两条，至少企业生存是没有问题的。

我们这10年其实做得很辛苦，到底最后能走多远还不好说，但因为方向对，所以我们会一直坚持做下去。

相关链接》》

从制造产品到输出文化：海尔获企业文化建设大奖

在企业界盛行互联网转型的当下，技术创新、营销创新等因素往往被视为企业在新时代成功的密钥，而企业的文化创新却并不引人注意。相较而言，作为中国企业文化建设的先行者，海尔以其企业文化不断助力着企业在时代变迁中蜕变发展。2015年12月8日，首届中国企业文化大会在北京召开，大会对企业文化理论和企业文化建设进行了积极的交流和探索，并对企业文化建设的优秀企业进行了表彰。海尔集团荣获“中国企业文化建设十强”奖，成为首届中国企业文化大会的一大焦点。

据了解，本届大会由中国国际商会、长江商学院、东方企业文化杂志社等共同主办，以“企业文化：价值的证明与展望”为主题，旨在为企业搭建交流和学习中国企业文化的平台。全国政协副主席厉无畏，哈佛大学经济学教授以及世界经济合作组织、北京大学、长江商学院等的代表出席了本届大会。

如果用一句话来形容海尔的企业文化，那就是“要使企业中的每一个人成为自己的主人”，即实现自主管理。正如美国管理大师德鲁克所说，21世纪，每个企业要做的重要的事情就是使企业的每一个人都成为自己的CEO，也就是让每个人都能发挥自己最大的价值。这一点对于“人人时代”的今天而言尤为关键。

值得注意的是，海尔在自主管理方面已经探索了很多年。早在2005年，海尔就提出“人单合一双赢”管理模式，通过把每个员工和用户结合到一起，让员工在为用户创造价值的同时实现自身价值。在长期的探索实践中，海尔颠覆传统的科层制转型为网状组织，由制造产品的企业变成制造创客的平台。员工由原来的被雇用者、执行者转型为创业者、动态合伙人，实现“人人创客”。与之相伴随的是，海尔将此前强大的执行力文化转型为创业文化，为企业的互联网转型提供了最根本的文化保障。

对于海尔而言，企业文化追求的就是一句话：成为时代的企业。“没有成功的企业，只有时代的企业，所谓成功只不过是踏上了时代的节拍”，这句话或许正是对海尔文化的最佳诠释。“创业创新，自以为非，从不回头欣赏自己的脚印”，海尔在长期的实践探索中发展着自己的文化，而这种永远的创业创新精神也会不断推动企业前行。

长期以来，中国企业在国家经济的高速增长中实现了爆炸式增长，但这种增长也伴随着相当程度的“文化缺钙”。因此，在中国企业转型升级的过程中，找到“中国制造”的文化依归显得尤为重要。海尔的文化建设成果和探索经验，不仅是海尔互联网转型的精神利器，也将为中国的企业文化建设提供一个借鉴典范。

【拓展阅读】

海尔是海

海尔应像海，唯有海能以博大的胸怀纳百川而不嫌其细流；容污浊且能净化为碧水。正如此，才有滚滚长江、浊浊黄河、涓涓细流，不惜百折千回，争先恐后，投奔而来，汇成碧波浩淼、万世不竭、无与伦比的海！

一旦汇入海的大家庭中，每一分子便紧紧地凝聚在一起，不分彼此，形成一个团结的整体，随着海的号令执着而又坚定不移地冲向同一个目标，即使粉身碎骨也在所不辞。因此，才有了大海摧枯拉朽的神奇。

而大海最为人称道的是年复一年默默地做着无尽的奉献，袒露无私的胸怀。正因其“生而不有，为而不恃”；不求索取，其自身也成为永恒的存在。这种存在又为海中的一切提供了生生不息、赖以生存的环境和条件。

海尔应像海，因为海尔确立了海一样宏伟的目标，就应敞开海一样的胸怀。不仅要广揽五湖四海的有用之才，而且应具备海那样的自净能力，使这种氛围里的每一个人的素质都得到提高。海尔人都应是能者，而不应有冗者、庸者，因为，海尔的发展需要各种各样的人才来支撑和保证。

要把所有的海尔人凝聚在一起，才能迸发出海一样的力量，这就是靠一种精神，一种我们一贯倡导的“敬业报国，追求卓越”的企业精神。同心干，不论你我；比贡献，不唯文凭。把许许多多的不可思议和不可能都在我们手中变为现实和可能，那么海尔的巨浪就能冲过一切障碍，滚滚向前！

我们还应像大海一样为社会、为人类做出应有的奉献。只要我们对社会和人类的爱“真诚到永远”，社会也会承认我们到永远，海尔将像海一样成为永恒的存在，而生活于其间的每一个人都将在为企业创一流效益、为社会做卓越贡献的同时得到丰厚的回报。海尔将和整个社会融为一个整体。

海尔是海。

第九章
海尔的社会责任

导言：

多年来，海尔在发展壮大的同时，始终铭记要对社会进行回馈，也一直把关注社会进步、帮助弱势群体作为必须承担的责任和义务，用高度的企业责任感为国内企业做出了表率。

第一节 海尔希望工程

心系教育

海尔集团首席执行官张瑞敏特别关注少年儿童和教育事业。“我们始终认为一个企业要发展，离不开社会各界的帮助与支持，所以，企业发展起来以后，应该很好地回报社会，海尔回报社会从一开始就致力于儿童教育方面。”张瑞敏如是说。1995年，海尔集团捐资38万元援建了第一所海尔希望小学——莱西武备海尔希望小学，从此拉开了海尔集团在全国贫困地区援建希望小学的序幕。

246所希望学校

海尔集团用于社会公益事业的资金和物品总价值已达5亿余元。截至2016年年底，集团累计投入9200万余元，援建了共计246所希望学校（245所希望小学，1所希望中学），覆盖全国26个省、直辖市、自治区，成为团中央希望工程中捐建希望学校最多的中国企业。

禹城海尔希望小学

海尔“爱心食堂”

少年儿童是国家的未来，呵护其健康成长是全社会共同的责任，海尔一直专注于针对呵护少年儿童的公益捐赠及爱心食堂活动。

为了给希望小学的孩子们提供健康安全的饮食环境，海尔商用冷柜2016年组织开启了“爱心食堂”系列公益活动，先后在平度、石家庄等地捐赠了“爱心食堂”，并举行了挂牌仪式，扩大了该活动的社会影响力。

“爱心食堂”投入使用后，为孩子们提供了安全健康的食材储存环境，为儿童饮食健康提供了保障。

爱心直通车

在互联网时代，海尔开始由传统企业管控型组织向开放式创客平台转型，同时也在积极探索创新公益模式，将员工、客户、政府机关等各个相关组织和个人连接起来，构建可持续发展的公益生态圈。例如，海尔“爱心直通车”项目，借助团委直接对接希望小学需求，充分整合海尔粉丝、优秀员工、媒体记者、大学生志愿者等多方资源，开展“爱心图书室”“爱心厨房”“爱心音乐室”等丰富多彩的活动，让各界献爱心人士和儿童们心连心，并进行互动，为儿童的成长提供全面支持和贴心关怀。

【拓展阅读】

绿帆・希望工程大事记

1995年8月1日，海尔集团在青岛市莱西武备镇援建了第一所海尔希望小学，从此拉开了希望工程事业的序幕。

2003年11月1日，海尔集团被授予山东省“捐资助学先进单位”称号。

2004年1月9日，中国青少年发展基金会秘书长顾晓今女士专程来青岛向海尔集团首席执行官张瑞敏赠送了“捐资助学特殊贡献单位”牌匾。

2006年6月8日，中国公益事业联合会因海尔集团在希望工程方面做出的突出贡献，授予海尔集团首席执行官张瑞敏“中国公益事业十大贡献人物”称号，授予海尔集团“中国公益事业十大贡献集体”称号。

2007年5月28日，在青岛市即墨灵山启动了海尔奥运希望工程活动，海尔向青岛市青少年发展基金会捐赠海尔奥运希望工程基金。

2007年12月3日，海尔全力支持北京2008年奥运会中国体育代表团暨海尔奥运希望小学启动仪式在京举行。为了表彰中国健儿的奋勇拼搏精神，海尔集团将不仅为获得金牌的中国运动员赠送整套家电，同时启动海尔奥运希望小学计划，即中国健儿每获得一枚奥运金牌，海尔即捐建一所希望小学，让“奥运之光，点燃希望”，把奥运精神带到希望小学的小朋友身边。

2008年5月27日，海尔集团首席执行官亲赴四川灾区，看望九州体育馆的孩子。经集团董事会决定，捐资1000万元，在北川援建1所中学。捐资750万元，在北川援建15所希望小学。

2008年8月24日，为期17天的北京奥运会已经圆满落幕，通过健儿们的奋力拼搏，中国体育代表团交出了一份优异的答卷，以51枚金牌的成绩傲踞金牌榜第一。相应的，海尔“一枚金牌，一所希望小学”计划也遍地开花——共捐建希望小学51所，遍布全国25个省，其中就包括四川北川地震灾区的15所，4万多名贫困地区的孩子也因此收获了希望，有了新的学校。

2008年10月30日，山东沂南县砖埠海尔希望小学奠基，成为第一所奠基的海尔奥运希望小学。

2008年12月31日，青岛即墨市刘家庄镇海尔希望小学揭牌，成为第一所投入使用的海尔奥运希望小学。

2009年8月25日，海尔出资1000万元援建的四川北川陈家坝中学正式落成并投入使用。海尔承诺，海尔集团将持续关注灾区，关注北川，关注陈家坝中学，要和当地政府一起，将陈家坝中学建设成为一所教书育人先进模范学校。

2010年10月21日，在中国版图最西部的喀什地区岳普湖县巴依阿瓦提乡，一所名为“巴依阿瓦提乡海尔希望小学”的学校正式揭牌。

2011年9月8日，云南盈江海尔希望小学举行奠基仪式，标志着海尔在2008年北京奥运期间许下的“一枚金牌，一所希望小学”的承诺完全兑现。

2012年10月16日，沾化县富源街道海尔希望小学竣工，全校361名学生和25名教师告别平房搬进了新的教学楼。

2012年11月16日，贵州省天柱县邦洞镇海尔希望小学竣工落成。这是海尔集团兴建的第165所希望小学，也是海尔集团在贵州兴建的第7所希望小学。

2013年4月26日，莱西市马连庄镇李家草泊海尔美国希望小学竣工，改善了200余名农村小学生的学习环境。

2013年5月24日，山东省商河县张坊乡海尔希望小学揭牌，海尔集团向同学们捐赠了书包、文具、图书及其他学习用品。

2013年5月29日，贵州省龙里县羊场镇海尔希望小学落成。海尔集团捐赠电脑26台，价值8万多元，并为400多名学生提供了3000多元的文具和体育用品，还捐助了3000元给30名贫困学生。

2013年6月3日，梁平县蟠龙镇新店村海尔希望小学竣工，新店海尔希望小学占地面积2776平方米，建筑面积400平方米，服务半径为该县蟠龙、大观、柏家等镇的6个村，可容纳200名学生就读。

2013年9月15日，海尔在新疆英吉沙县援建的希望小学揭牌。在揭牌仪式现场，海尔向中国青少年发展基金会捐赠了600万元用于2013年全国希望小学的建设。

2014年5月30日，河北省沧州市海兴县赵毛陶镇海尔希望小学正式落成，6个班级的130名学生将在全新的环境中学习，健康快乐成长。至此，海尔也完成了在全国范围内的第200所希望小学的捐建。

2014年11月25日，中国青少年发展基金会在北京召开希望工程25周年表彰大会，海尔集团凭借对希望工程的长期投入以及在互联网时代下探索的公益新模式获得希望工程杰出贡献奖。

2014年12月5日，海尔在青岛胶州市援建的胶西海尔希望小学落成，青岛团市委、胶州市委以及海尔集团的相关领导出席了活动，并为“海尔爱心电脑室”揭牌。到目前为止，海尔是团中央希望工程中捐建希望小学最多的中国企业。

2015年4月29日，海尔在山东临沂捐建的郯城县海尔希望小学正式竣工。这所希望小学位于郯城县泉源乡李五湖村，是山东省第1000所希望小学，也是海尔捐建的第206所希望小学。山东省、临沂市、郯城县各级领导以及海尔集团相关领导出席竣工仪式，与该校全体师生共同见证了这一重要时刻，并为山东第1000所希望小学纪念牌揭牌。

2016年12月14日，由海尔集团出资援建的禹城希望小学正式竣工。海尔集团联合共青团山东省委、山东省青少年发展基金会、共青团青岛市委一同走进禹城希望小学，贴心地给孩子们准备了针对不同年级阶段阅读需求的爱心图书、丰富多彩的爱心文具、御寒衣物等日常物资。另外，海尔集团团委为学校送上一台冰箱，携手共筑“海尔爱心食堂”。这是海尔援建的246所希望学校。

相关链接》》

“中国企业社会责任500强”发布　海尔入选前五

2015年“中国企业社会责任500强”评价报告2015年3月27日在北京发布，华为、三星（中国）、天津房地产、海尔、雀巢（中国）等公司位列前五。报告显示，与外资企业相比，中国企业在履行社会责任方面已迎头赶上。

报告显示，与世界500强企业相比，中国企业500强在社会责任上的表现不仅毫不逊色，而且入围数量略有领先。外资、国有、民营这三类企业在社会责任承担方面差距并不悬殊。从区域分布来看，“中国企业社会责任500强”企业主要集中在北京、江浙沪、广东等经济发达地区。

近年来，中国企业不断加快“走出去”的步伐，在履行社会责任方面与国际接轨的要求也越来越迫切。国务院发展研究中心党组成员、办公厅主任余斌认为，推动企业增强社会责任意识是实现中国经济转型升级的必然要求。我国企业要与国际上的企业就社会责任实践进行相互交流、相互影响，积极、出色地履行社会责任，提升国际化水平和国际竞争力。

报告通过对“中国企业社会责任500强”入围企业进行数据分析后认为，守法、诚信是上榜企业的总体特征，与外资企业相比，中国企业尤其是大型企业在履行社会责任方面已迎头赶上，但在责任管理、环境能源两方面表现不足。

据悉，该评价报告是由中国企业评价协会、清华大学社会科学学院测评，用法律道德、质量安全、科技创新、诚实守信等十个一级评价指标对世界500强企业、中国企业500强、中国民营企业500强进行测评后最终产生的。

全国政协委员、中国企业评价协会会长侯云春在发布会上表示，发布2015年“中国企业社会责任500强”的目的，是希望逐步建立起第三方评估机制，审慎、严肃地对企业履行社会责任的绩效进行评估，真正推出履行社会责任的优秀典型，发挥示范带动作用，全面提升我国企业履行社会责任的质量和水平。

……

第二节　绿色环保

环境管理制度实施

海尔经过稳步实施环境管理措施、不断推进环境信息公开与交流以及认真贯彻落实相关法律法规，形成了较为完善的环境管理体系，树立了绿色智能发展的企业形象，成为家电企业借鉴学习的对象。

开展清洁生产

海尔以创新发展带动节约发展和清洁发展，推动资源节约型和环境友好型企业建设，为家电行业清洁发展探出了新路子，做出了新贡献。

2007年，海尔25个事业部全部顺利通过青岛市清洁生产企业验收，并荣获“青岛市清洁生产企业”称号。

2003年1月1日，国家正式实施《中华人民共和国清洁生产促进法》，海尔率先与市政府清洁生产主管部门签订了《青岛市创建清洁生产企业自愿行动协议》。

2015年12月24日，中国节能协会公布了2015年度节能减排科技进步奖，海尔冰箱凭借F-D Plus柔性双变频控制技术荣获一等奖。

智慧能源管理体系

海尔通过智慧能源数据互联控制中心项目对每条线体、每道工艺进行能耗监控，建立单台能耗管控指标。同时，通过运行能源管理体系，推进能源标准化管理，保障集团单台能耗目标完成。

海尔智慧能源数据互联控制中心项目是海尔基于工业4.0重点打造的能源大数据分析系统，利用自动化、信息化技术和集中管理模式对全国13个工业园区电、水、气等主要能源的生产、输配和消耗环节实施集中扁平化动态监控和数字化管理，通过大数据分析对生产终端能源供应施加影响，降低重要能源介质散放，最终实现绿色、低碳生产。

危险废物管理体系

从2013年开始，海尔将危险废物的最终处置权委托给青岛市有合法资质的危险废物处置单位。2015年，海尔继续严格遵守《青岛市危险废物转移联单管理办法》等6项规范性文件，并制定严格的危险废弃物五联单申领流程，确保各事业部危废处理规范化。

相关链接》》

海尔厨电公益巡检　全国拉网式排查燃气隐患

2015年4月17日，有关威海荣成金地翠园小区内发生天然气爆炸并导致一死三伤的新闻经媒体报道后，再次引发了人们对厨房燃气安全的担忧，甚至有不少市民纷纷致电天然气公司，要求上门检测厨房燃气安全。

而针对此类安全隐患，前不久，海尔厨房电器就专门在全国范围内启动了“厨房安全公益大巡检”活动，不仅免费上门检测安全，而且还提供质保10年的金属软管服务，为用户带来安全无忧的厨房环境。

厨房燃气安全始终是居家生活的头等大事。近年来，由于装修或使用不当，燃气软管老化、破损、脱落导致的室内燃气泄漏事件频频发生，给人们的生命财产安全带来巨大损失。另外，有统计数据显示，80%以上的室内燃气泄漏事故由连接灶具的软管老化引起。因此，燃气软管要定期进行更换，用户的燃气软管是“厨房安全巡检”活动的重点巡检对象。

据海尔厨房电器的工作人员介绍，普通燃气软管应1～2年更换一次，长度不宜超过1.5米。但在检测过程中发现，大多数家庭的燃气软管超期使用，部分甚至出现龟裂、脱落的现象，存在严重的安全隐患。此次活动中，工作人员不仅免费检测，而且还帮忙排除了各种厨房用气的安全隐患。同时，也准备了不锈钢材质的金属波纹软管，能防止龟裂、脱落和鼠虫啃咬，使用寿命更长，能打造更加安全的厨房生活环境。

当然，除了专注于用户厨房环境安全外，海尔厨房电器更加专注于提高产品的安全性能。像海尔的防干烧燃气灶，不仅采用了四通道增氧、六翼涡流增压设计，使得火力高达5.1千瓦、热效率高达60%，而且还具备多重防护功能，当出现燃气泄漏或者烧干锅的情况时，燃气灶会自动熄火断气，使厨房环境更加安全。

另外针对燃气灶“超龄”所带来的安全隐患，海尔厨房电器还专门开展“以旧换新”活动，用户只需凭旧机购买海尔嵌入式燃气灶和欧式、侧吸式吸油烟机，就能获得一定补贴，并能享受到海尔厨房电器特有的“三无忧”服务，免费上门拆旧机和设计、安装。

对此有关专家表示，随着科技的不断发展与进步，用户的需求也不断变化发展，但唯一不变的是，安全需求越来越高。而海尔厨房电器通过整合全球资源，不仅可以满足用户愈加个性化和多样化的需求，而且始终通过创新技术与研发实力为全民的厨房安全环境升级。

相关链接》》

智爱自然15年　海尔携百万家庭再筑新绿

《穹顶之下》引发的舆论效应热度不减，正在召开的全国两会上，环保、绿色也再次成为代表委员关注的焦点。专家表示，2015年是我国的“深改元年”，开启了我国生态文明体制建设、环境保护工作全面发展的新纪元。作为绿色节能领域的领袖企业，海尔也将继续推行智慧家电与绿色生活共发酵的生活理念，做绿色环保的实践者。

2015年3月12日，在植树节当天，海尔开展了“智爱自然一起精彩——海尔2015年百万家庭植树公益行”的活动。此前，海尔在全国范围内的42个城市已先后开展了线上招募活动，通过这种分享和传播，最终吸引了近百万个家庭参与到活动中来。活动要求以家庭为单位报名参加，不但可以增强孩子的动手能力和团队协作能力，还能激发孩子们爱树、护树的情感，从小培养其环保意识。

其实，海尔的植树节公益环保活动早在2000年就已经迈出了第一步，15年的坚持不懈，源于“绿色产品、绿色企业”的企业文化，更源于海尔对用户、对社会的强烈责任感。海尔希望通过长期的、持续的绿色公益活动为环保尽一份力，同时也希望通过自己的行为影响到更多的企业和个人参与到环保事业中来。

绿色是海尔价值链体系的主色，也是其一直以来所恪守与坚持的理念。近年来，海尔更是将绿色生活的理念融入产品的设计、生产、销售等各个环节，在提升产品品质和功能的同时，也将创新科技与节能环保技术研发作为企业的重要课题。

比如此前在IFA展上推出的海尔博观智慧窗冰箱，就一举刷新了欧洲市场能效最低、容积最大的对开门冰箱纪录，引领了行业的节能趋势；而于上海家博会上推出的海尔节能冷柜更是比欧洲现行最高节能标准A+++还要节能20%，成为行业首台节能标准无法定义的冷柜。

据海尔相关责任人表示，海尔开创的绿色发展新模式已成功获得了全球用户的认可。2014年，海尔大型家用电器品牌零售量占全球市场的10.2%，第六次蝉联全球第一。而未来，海尔将不断推出更多的创新节能产品，为全球消费者提供最领先的绿色生活解决方案。

让节能产品走进生活，让绿色生活的理念更加深入人心，让幸福美好的生活离我们更近！

……………………………………………………………………………

第三节　爱心救助

海尔爱心专项基金

海尔爱心专项基金前身是成立于1999年的300万海尔爱心救助基金，主要用于支持和扶助病残儿童的医疗康复事业，2006年5月更名为“海尔爱心专项基金”。

海尔爱心助学工程

助学工程是山东省残疾人福利基金会实施的五项爱心助残工程之一，也是山东省残疾人福利基金会打造的助残品牌项目之一，宗旨是向社会募集资金，资助贫困残疾儿童少年接受义务教育，对考入大学的贫困残疾学生进行资助。

海尔爱心助学工程的主要内容是由海尔集团出资冠名支持山东省残疾人福利基金会助学工程。

灾难救助

1. 雅安地震

2013年4月20日，四川雅安芦山发生7.0级地震，海尔集团及旗下两家上市公司高度关注，宣布共同向灾区捐款1000万元，用于采购救灾物资、开展灾后重建以及帮助灾区人民心理恢复等工作，全力帮助灾区人民早日重建家园。

2. 汶川地震

2008年5月12日的汶川地震牵动了全国人民的心。5月13日，海尔集团启动重建家园计划，宣布向灾区首批捐助1000万元，以全力支持灾区救灾和灾后重建工作。

海尔重建家园计划包括三部分。

第一，海尔集团向中国红十字基金会首批捐助700万元，直接用于灾区援建工作。

第二，海尔成都分公司就近组织200人的紧急救援小分队，联合当地专卖店，在第一时间为灾区人民送去帐篷、食物、饮用水等生活必需品，并为当地医院提供大量的医疗冰箱、冷柜设备，用于存放救护灾民的血浆、药品等。同时，海尔集团位于武汉、重庆、长沙、贵州、云南等地的分公司也纷纷行动，准备的救援物资在两天内陆续到达救灾现场，首批赈灾物资价值150万元。

第三，海尔通过商务部为灾民提供150万元的家电补贴。为帮助灾民重建家园，早日恢复正常生活，海尔集团宣布，灾区人民在重建家园过程中购买家电时，在享受国家商务部家电补贴的同时，海尔集团给予每台300~500元的补贴。

作为中国的民族企业，海尔集团一向致力于社会公益事业。海尔集团高级副总裁周云杰表示："对于灾情，我们迅速启动应急机制，制订了详细的重建家园计划，目前只是首批捐助，接下来我们还会发动海尔全球员工，捐款捐物，通过各种举措帮助灾民重建家园。同时，我们还将通过中国青少年发展基金会、希望工程办公室在重灾地区援建多所希望小学，帮助孩子尽快重返校园。"

相关链接 》》

海尔携手央视为灾区推出首个爱心网络课堂

2008年6月17日，"海尔·央视网战略发布暨爱心网络课堂启动仪式"在北京举行。会上，海尔集团与央视网（CCTV.COM）在社会公益尤其是灾后重建方面达成战略合作，并携手为灾区推出首个网络课堂——"海尔爱心网络课堂"。"海尔爱心网络课堂"主要是为四川汶川地震灾区中缺乏师资的"帐篷学校"搭建学习娱乐的网络平台，"帐篷学校"中所需的笔记本电脑、投影仪及无线网卡等全套网络硬件设备由海尔独家赞助。据悉，"海尔爱心网络课堂"在先期筹备中就得到了奥运会冠军钱红、央视著名主持人鞠萍等社会各界名人的爱心支持。相关人士纷纷指出，“海尔爱心网络课堂”将大大缓解灾区师资力量缺乏的状况，并对灾区的教育事业起到巨大的推进作用。

汇聚爱的力量，海尔网络课堂精彩呈现

2008年5月12日的四川汶川大地震让学生们失去了自己的学校，他们现在只能在“帐篷学校”里进行学习，师资力量也非常缺乏。为了让孩子们重返课堂，青基会、央视网和海尔共同推出了“海尔爱心网络课堂”。三方都希望以此为灾区的孩子创造一个上学的机会，抚平这次灾难给孩子们的身心带来的创伤，让孩子们绽放出往日的笑容。

“海尔爱心网络课堂”的内容素材均由专业技术人员现场录制，再经过后期成熟的网络技术制作而成，这为灾区的孩子提供了一个学习、娱乐以及与外界信息交流的窗口。据了解，爱心网络课堂主要包括三大板块：一是爱心板块，包括地震知识、灾后心理辅导、励志故事等；二是社会知识板块，包括自然科学知识、历史地理、文化等；三是课本教程板块，主要是中小学的多媒体教材。为了保证课堂内容丰富生动，在网络方面，央视网利用自身强大的网络资源和技术优势开通了一个专区，为“海尔爱心网络课堂”提供一个网络视频平台，海尔则为受灾地区“帐篷学校”提供了笔记本电脑、投影仪、无线网卡等全套硬件设备。在老师的操作下点击进入“海尔爱心网络课堂”，“帐篷学校”里的孩子就能进行正常的课程学习。“海尔爱心网络课堂”汇聚了社会各界爱的力量，有来自全国最优秀的老师、专家的精彩讲解，更有像钱红、鞠萍等的社会名人的积极参与。值得一提的是，我们每个人还可以进行“爱心上传”，把自己亲手设计的课堂、拍摄的资料等作品上传到网络课堂。经过央视网的分类和筛选，一些优秀的作品就会通过“海尔爱心网络课堂”呈现给灾区的孩子，这会让灾区的孩子感受到来自社会各界人士的关爱。

海尔重建家园计划，在废墟上播撒希望

四川汶川地震发生后，海尔就始终与灾区人民站在一起，用最大的努力和极高的热忱在废墟上播撒着希望。本次“海尔爱心网络课堂”的推出，是海尔重建家园计划的重要内容之一，也是海尔与央视网开展战略合作的重要内容之一。

在汶川地震发生次日，海尔就迅速启动了重建家园计划，将累计达1937万元的救援款项和物资投入灾区救援和重建工作中。之后海尔再次捐赠1750万元，将在重灾区北川建设1所希望中学和15所希望小学，以缓解灾区教育教学困难的状况。截至目前，海尔共投入了3800万余元支援灾区建设。据悉，迄今为止，海尔集团用于社会公益事业的资金和物品总价值已达5亿余元。

除了支持灾后的重建，海尔在奥运公益方面也有一系列的举措。海尔积极践行“奥运主人”的责任，在全国的希望小学开展“海尔奥运希望工程”活动，为希望小学送上彩电和奥运图书、文具等；奥运会上，为了表彰中国健儿的奋勇拼搏精神，海尔集团将赠送获得金牌的中国运动员整套奥运家电，同时，中国健儿每获得一枚奥运金牌，海尔即增建一所希望小学。

对此，中国青少年发展基金会秘书长涂猛认为，海尔的公益活动不仅仅是提供必要的钱物，更重要的是长期的实际行动。特别是为了青少年的发展和教育，海尔集团一直在持之以恒地支持国家希望工程事业。海尔在发展壮大的同时，始终铭记要对社会进行回馈，用高度的企业责任感为国内企业做出了表率。

海尔表示，希望能够与青基会、央视网这样具有高度社会责任感的单位携手，与社会各界有识之士携手，为灾区重建，为灾区的孩子健康成长贡献更多的力量。同时它呼吁更多的企业，更多的社会人士积极参与到“海尔爱心网络课堂”的建设中来，为灾区的教育重建奉献出自己的爱心。

---

3. 印度洋海啸

2004年12月26日发生在印度洋地区的地震、海啸灾情不断扩大，受灾人数急剧增加，罕见的严重灾情引起了国际社会的极大关注，也牵动着包括海尔集团员工在内的亿万个善良人的心。

2005年1月4日，海尔集团开展了“向印度洋地区地震及海啸灾民奉献爱心，捐款赈灾”活动。从集团领导到普通员工都慷慨解囊，踊跃捐款，大家甚至在捐款箱前排起了长队，短短一天的时间里职工捐款数额就达到6万余元。

相关链接》》

真诚回报社会 海尔获中国企业社会责任最佳公益典范奖

2015年1月15日，在由新华网与社科院共同举办的第七届中国企业社会责任年会上，海尔凭借在履行企业社会责任方面的突出表现荣获最佳公益典范奖。

作为全球优秀品牌，海尔一直将积极履行社会责任作为企业义不容辞的责任。

海尔刚刚与联合国儿童基金会达成共识，未来3年双方将在爱生学校社会情感学习项目上实现深度合作，在我国西部3个省市的3个县开展关爱行动，共同关注农村地区留守儿童的教育及心理健康问题。该项目中，将针对骨干培训者、农村小学老师等进行社会情感教育教学培训，从而对留守儿童的情感发展、交流沟通以及心理健康产生积极正向的影响。

据统计，目前中国留守儿童的数量超过6683万，其中西部地区所占比重较高，留守儿童的教育及心理健康已经引起社会各界的高度重视。爱生学校社会情感学习项目的目标就是提高儿童的社会情感学习能力，更好地推动儿童教育事业的发展。

此次合作，也使海尔成为联合国儿童基金会中国家电类企业首家合作伙伴。海尔作为一直致力于推动儿童教育事业发展的社会公益力量，与联合国儿童基金会有着共同的诉求，双方的合作将有效推动这一项目的实施。

在日前发布的海尔5年公益规划中明确指出，2015—2019年，海尔将每年捐建20所希望小学，海尔希望小学总数5年内将达到300所。同时，海尔未来5年还将深耕网络公益平台，借助网络的力量，放大“做善事”的正能量。

同时，山东省青少年发展基金会计划将第1000所希望小学以“海尔希望小学”命名。海尔将联合集团各用户交互平台，以“海尔回报社会”为主题，结合海尔创新文化，在全国范围内形成用户交互和用户口碑，倡导一种关心支持教育事业发展的公益新风尚。

据悉，海尔对希望工程的支持长达近20年。自1995年建设第一所希望小学以来，海尔已经在全国建成206所希望学校，覆盖全国26个省、直辖市、自治区，累计投入8000万余元。

目前，海尔已经成为团中央希望工程中捐建希望小学最多的中国企业，海尔用于社会公益事业的资金和物品总价值已高达5亿余元。

这得益于海尔集团董事局主席、首席执行官张瑞敏对青少年教育事业的特别关注。他认为，一个企业要发展，离不开社会各界的帮助与支持，所以，企业发展起来以后，应该很好地回报社会，海尔回报社会从一开始就致力于提升青少年教育质量。

创业30年以来，在“真诚到永远”的理念指导下，张瑞敏带领海尔在快速发展的同时，积极投身社会公益事业，用真情回报社会。

早在2006年6月，中国公益事业联合会因海尔在希望工程方面做出的突出贡献，授予海尔集团首席执行官张瑞敏“中国公益事业十大贡献人物”称号，授予海尔集团“中国公益事业十大贡献集体”称号。

如今，海尔已经成为社会公益事业发展进程中最为活跃的社会力量。张瑞敏表示，未来，海尔还将配合集团的发展战略，继续提升海尔在企业社会责任上的表现，用真诚回报社会。

参 考 文 献

[1] 海尔文化公众号. 张瑞敏眼中海尔人的“长征路”！[EB/OL]. 海尔新媒体，2016-10-21.

[2] 张瑞敏. 我的读书心得[EB/OL]. 海尔官方微信，2016-09-18.

[3] 尹为鉴. 张瑞敏获耶鲁“传奇领袖奖”[N]. 青岛财经日报，2016-06-12.

[4] 张瑞敏. 只要找到路 就不怕路远[EB/OL]. [2012-04-16]，http://www.iceo.com.cn/renwu/46/2012/0416/246206.shtml.

[5] 张瑞敏. 管理百年[EB/OL]. [2016-08-01]，http://mp.weixin.qq.com/s?__biz=MjM5NTk5Mjc4Mg==&mid=2655163688&idx=1&sn=0393604af1dab72fe4dc0726f49491ae#rd.

[6] 冉晓宁. 2016“中国500最具价值品牌”榜单发布 海尔蝉联家电第一[EB/OL]. [2016-06-23]，http://news.xinhuanet.com/tech/2016-06/23/c_129084081.htm.

[7] yuyanRong. 1188名用户在自家洗衣机上竖硬币为海尔证言[EB/OL]. [2016-12-02]，http://family.pconline.com.cn/862/8628024.html.

[8] 李景鑫. 海尔智能空调依托400亿+大数据上线APP自清洁提醒[EB/OL]. [2016-12-13]，http://www.techweb.com.cn/news/2016-12-13/2450317.shtml.

[9] 帕维. 海尔发布U+智慧生活APP 推智能生态圈场景控制[EB/OL]. [2015-03-10]，http://tech.sina.com.cn/e/z/2015-03-10/doc-ichmifpx9923116.shtml.

[10] 佚名. 海尔中央空调新时代 发力商业地产弯道超车[EB/OL]. [2016-12-07]，http://house.hexun.com/2016-12-07/187233191.html.

[11] 王晓易. 海尔商用冷柜成为国家奶业科技创新联盟首批理事[EB/OL]. [2016-11-21]，http://news.163.com/16/1121/12/C6D6OJ0000014AEE.html.

[12] 佚名. 海尔生物医疗、中国航天携手十年，再载神十一，与中国航天梦想共腾飞[EB/OL]. [2016-10-17]，http://news.bioon.com/article/6691196.html.

[13] 王闻扬. 海尔U+连续8年蝉联智能家居十大品牌第一名[EB/OL]. [2016-12-16]，http://news.chinabyte.com/419/14003919.shtml.

[14] 佚名. 美国郡长家入选卡萨帝最美家庭展厅[EB/OL]. [2016-12-10]，http://www.casarte.com/about/xwlb/201612/t20161212_258085.shtml.

[15] 佚名. 卡萨帝洗衣机将进军南半球布局澳洲市场[EB/OL]. [2016-11-26]，http://www.casarte.com/about/xwlb/201611/t20161128_258033.shtml.

[16] 佚名. 美国权威认证机构SIEMIC授予统帅“时尚家电创新奖”[N]. 齐鲁晚报，2016-10-08.

[17] 佚名. 统帅发布“年轻化”战略：做年轻人的空调[EB/OL]. [2016-08-04]， https://www.tongshuai.com/article.php?id=565.

[18] 刘泽宇. 海尔推“亚科雅”双品牌战略 欲破日本十年课题[EB/OL]. [2012-2-27]，http://roll.sohu.com/20120227/n336042383.shtml.

[19] 郎朗. 海尔集团45亿收购斐雪派克[EB/OL]. [2012-09-13]，http://tech.163.com/12/0913/03/8B8KSRB2000915BD.html.

[20] 崔晓. 海尔张瑞敏在宁谈“人单合一”创新管理模式[N]. 南京日报，2016-12-08.

[21] 张瑞敏. 人单合一2.0——为创建“共创共赢”生态圈模式进行的探索及实践[EB/OL]. [2015-09-20]，http://www.elechina.com.cn/index.php?c=content&a=show&id=4756.

[22] 海尔文化公众号. 厉害了！海尔模式将入选亚洲顶尖学府教材[EB/OL]. 海尔新媒体，2016-10-19.

[23] 种昂. 海尔人事巨变：中高层裁员超百人 员工人心惶惶[N]. 经济观察报，2015-10-11.

[24] 张瑞敏. 制造业的敌人不是电商[EB/OL]. [2015-08-20]，http://www.abi.com.cn/news/htmfiles/2015-8/161203.shtml.

[25] 徐速绘. “制造业正站在一个十字路口上”——与张瑞敏面对面[EB/OL]. [2016-10-20]，http://news.xinhuanet.com/fortune/2016-10/19/c_1119750231.htm.

[26] 李伟. 海尔“互联工厂”：智能制造的中国探索[N]. 科技日报，2016-09-27.

[27] 佚名. 海尔众创意平台四个实验室上线，赶紧来发挥你的创意吧！[EB/OL]. [2016-04-28]，http://idea.haier.com/notice/201604/t20160428_306282.shtml.

[28] 佚名. 海尔众创意平台三个实验室上线，脑洞大开的你快来参与！[EB/OL]. [2016-04-20]，http://idea.haier.com/notice/201604/t20160420_305804.shtml.

[29] 科学频道. 海尔开放式创新模式再升级 HOPE创新合伙人计划发布[EB/OL]. [2016-12-19]，http://science.china.com.cn/2016-12/16/content_9227222.htm.

[30] 胡忆南. 海尔魔镜——海尔开放创新平台HOPE的经典创新成果[N]. 齐鲁晚报，2016-12-08.

[31] 杨小平. 海尔集团的动漫营销战略：《海尔兄弟》[EB/OL]. [2008-06-19]，http://comic.people.com.cn/GB/122403/127305/7514849.html.

[32] 张瑞敏. 创新无止境[EB/OL]. 人民日报，2001-01-13（1）.

[33] 丁明豪. 海尔为什么存在——海尔洗虾机的启示[EB/OL]. [2002-06-08]，http://www.people.com.cn/GB/jinji/33/172/20020608/747839.html.

[34] 张瑞敏. 企业是人，文化是魂——海尔集团首席执行官张瑞敏谈企业文化建设[EB/OL]. [2013-04-27]，http://www.wenming.cn/djw/djzx/zxft/201304/t20130427_1200932.shtml.

[35] 刘芳宇. 从制造产品到输出文化：海尔获企业文化建设大奖[EB/OL]. [2015-12-11]，http://news.xinhuanet.com/tech/2015-12/11/c_128521783.htm.

[36] 张瑞敏. 海尔是海[M]. 北京：机械工业出版社，2015-01-01.

[37] 陈伟冬. 书香有路送爱心 海尔公益活动第三站走进巴马[EB/OL]. [2015-01-12]，http://www.gxnews.com.cn/staticpages/20150110/newgx54b0af44-11985148.shtml.

[38] 曹阳. “中国企业社会责任500强”发布 海尔入选前五[EB/OL]. [2015-03-28]，http://news.xinhuanet.com/fortune/2015-03/27/c_1114791050.htm.

[39] 张弛. 海尔厨电公益巡检 全国拉网式排查燃气隐患[EB/OL]. [2015-04-17]，http://jiaju.sina.com.cn/news/20150416/5994395737637847104.shtml.

[40] 佚名. 智爱自然15年 海尔携百万家庭再筑新绿[EB/OL]. [2015-03-20]，http://henan.sina.com.cn/shuma/2015-03-19/155037795.html.

[41] 刘成. 海尔携手央视网为灾区推出首个爱心网络课堂[EB/OL]. [2008-06-17]，http://news.sohu.com/20080617/n257559471.shtml.

[42] 冉晓宁. 真诚回报社会 海尔获中国企业社会责任最佳公益典范奖[EB/OL]. [2015-01-15]，http://news.xinhuanet.com/fortune/2015-01/15/c_127390111.htm.